ENCONTRANDO LA PAZ EN COLOMBIA

VOL I

FINDING PEACE IN COLOMBIA

Una colaboración de la Escuela Superior de Administración Pública y el Programa de Investigación y Educación para la Paz ubicado en el Centro de Asuntos Globales de la Escuela de Estudios Profesionales de la Universidad de Nueva York.

A collaboration of the Escuela Superior de Administración Pública and the Peace Research and Education Program located at the New York University School of Professional Studies' Center for Global Affairs.

Thomas Hill
Katerina Siira
Nelson Rincón
Diego Palacios

Editores | Editors

NYU Peace Research and Education Program

Center for Global Affairs
School of Professional Studies
New York University
15 Barclay St.
New York, NY 10007
USA

www.NYUpeace.Education

ISBN: 978-0-578-23054-2

Cover Photos: Katerina Siira

The views and opinions contained herein are those of the individual authors and do not necessarily reflect the views of the Center for Global Affairs or the Escuela Superior de Administración Pública.

Contenido | Contents

Agradecimiento | *Acknowledgements* ii
Mapas | *Maps*..iv
Prefacio | *Preface* vi

Introducción | *Introduction*.....................................1

Capítulo / *Chapter* 1..53
Paz y Reparaciones: Perspectivas de los jóvenes
Peace and Reparations: Perspectives of Youth
Alejandro García, Karen Sofía Medina Herrera,
Laura Daniela Moreno Mosquera,
Andréi Garzón Rodríguez,
John Alexander Sánchez Sáenz

Capítulo | *Chapter* 2..93
Paz y Reparaciones: Perspectivas de las mujeres
sobrevivientes del Estado.
*Peace and reparations: Perspectives of Women
Survivors of the State*
Dillan Jacobson, Lina M. Ríos, Mireya Sandino,
Oscar Bautista

Capítulo | *Chapter* 3..141
Paz y Reparaciones: Percepciones de las mujeres
sobrevivientes de las FARC-EP
*Reparations and Peace: Perspectives of Women
Survivors of the FARC-EP*
Marinella Prada Cortez, Rocío del Pilar Maradiegue Alonso,
Yessica Tatiana Motta, Wilson Sánchez,
Mónica Toledo

Capítulo / *Chapter* 4..177
Paz y Reparaciones: Percepciones de los
excombatientes de las FARC-EP
*Reparationsb and Peace: Perspectives of FARC-EP
Ex-Combatants*
María Isabel Cano, Marta Bautista Forcada,
Leidy Yohana Fernández, Gilberto Fuentes,
Idialberto Manchola

Agradecimiento

Esta colección no se hubiera realizado sin el generoso y acogedor espíritu de RESURPAZ y la gente de Algeciras, especialmente los sobrevivientes de violencia y excombatientes quienes han contribuido su tiempo para impartir sus pensamientos y esperanzas con los investigadores. Un muy especial reconocimiento a Marinella Prada Cortez por crear el vínculo entre los investigadores y las víctimas en la comunidad y por compartir su bella voz en canto con nosotros. Le debemos un gran reconocimiento a Doña Fani, quien apoya RESURPAZ en su trabajo comunitario y que nos hizo sentir a todos como estuviéramos en casa en Casa Vieja.

Agradecemos a Laura María Restrepo quien contribuyó con la versión de los textos al español y a Edgar Avilés quien organizó creativamente con sus ideas la diagramación del contenido.

Esta colección no hubiera sido posible sin el apoyo de la NYU School of Professional Studies (SPS) y el Center of Global Affairs (CGA). Deseamos agradecer la Decana Susan Greenbaum de SPS y la Directora Divisional de CGA Vera Jelinek por su compromiso a este tipo de único programa académico que ha hecho este libro un realidad.

Le extendemos las gracias a todos en la Escuela Superior de Administración Pública (ESAP) quien recibieron y acogieron a todos los investigadores de la NYU en Colombia. Nuestro equipo le agradece al Director de ESAP, Pedro Medellín, en particular, por su continuo apoyo de RESURPAZ y continua cooperación entre las dos instituciones académicas.

Por ultimo, deseamos agradecer a la previa Decana de la Facultad de Investigación de la ESAP, Claudia Marisol Moreno, por su compromiso a que este proyecto se mantuviera sobre ruedas a pesar de un numero de desafios. Estamos inmensamente agradecidos que ella presentó el equipo de NYU con Nelson Rincón y RESURPAZ, sembrando la semilla de lo que esperamos sea la una colaboración constante que continúa a enseñar mutuamente.

Acknowledgements

This collection would not exist without the generous and welcoming spirit of RESURPAZ and the people of Algeciras, especially the survivors of violence and former combatants who contributed their time to share their thoughts and hopes with the researchers. A special thank you is due to Marinella Prada Cortez for building the bridge between the researchers and the victims community and for sharing her beautiful singing with us. We owe a great deal of gratitude to Doña Fani, who supports RESURPAZ in its community work and made all of us feel truly at home at the Casa Vieja.

We appreciate Laura María Restrepo´s contributions to the Spanish translation of the text and Edgar Avilés´ creative vision for the layout of the book.

This collection would not be possible without the support of NYU's School of Professional Studies (SPS) and the Center for Global Affairs (CGA). We wish to thank SPS Dean Susan Greenbaum and CGA Divisional Dean Vera Jelinek for their continued commitment to unique academic programming that made this book a possibility.

A sincere thank you to all at the Escuela Superior de Administración Pública (ESAP) who warmly welcomed the NYU researchers to Colombia. The team thanks ESAP director Pedro Medellin, in particular, for his ongoing support of RESURPAZ and the continued cooperation between the two schools.

Lastly, we wish to thank former ESAP Dean of Research Claudia Marisol Moreno for her commitment to ensure this project stayed on track despite great challenges. We are immensely grateful that she introduced the NYU team to Nelson Rincon and RESURPAZ, planting the seed for what we hope will be an ongoing collaboration to learn from and with one another.

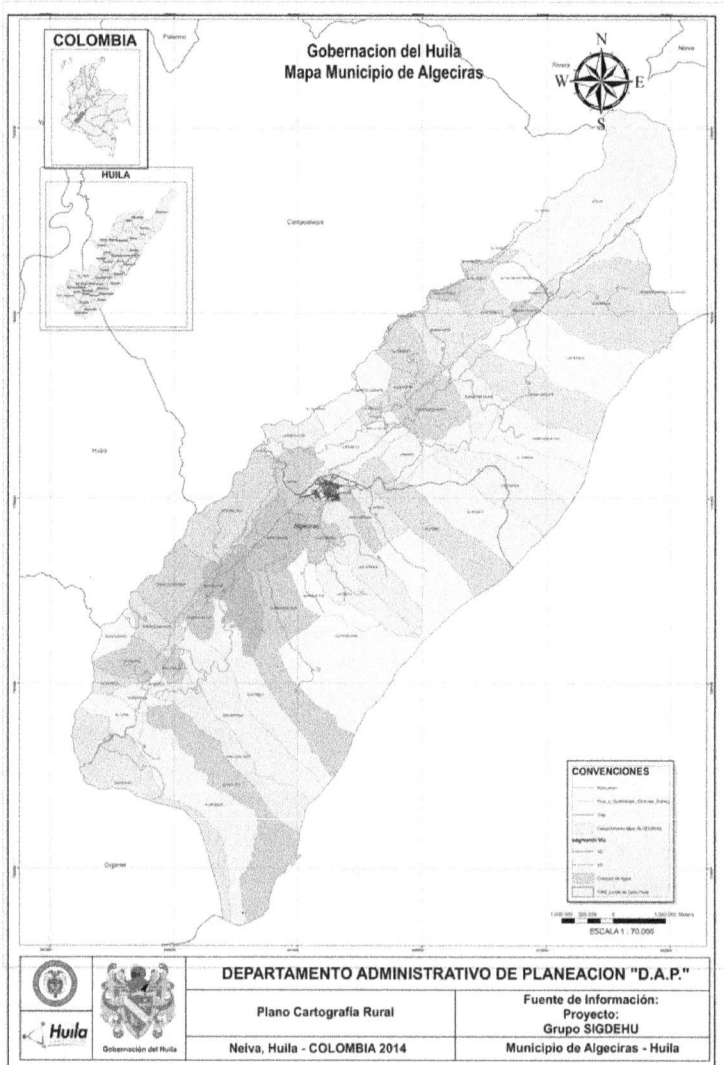

Government of Huila, Municipal Map of Algeciras

ALGECIRAS HUILA - CORREDORES ESTRATÉGICOS

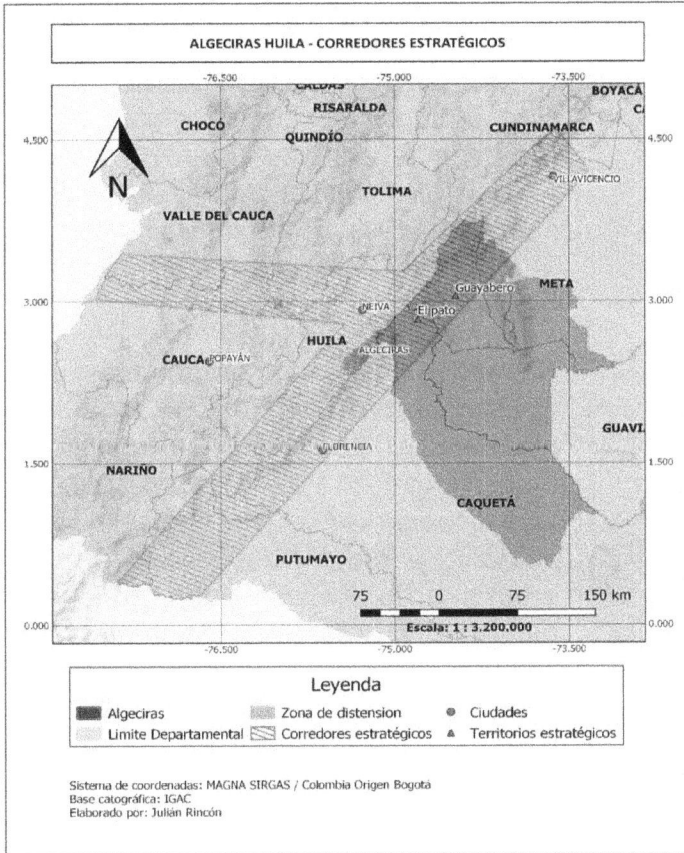

Algeciras Huila - Strategic Corridors

Prefacio

El viaje que llevo a la edición de este volumen comenzó inocuamente, con un breve mensaje en mi cuenta en LinkedIn. El mensaje que llego tres semanas después de un plebiscito fallido sobre un acuerdo de paz negociado entre el gobierno de Colombia y las fuerzas armadas revolucionarias de Colombia (FARC), decía, en parte: "estamos en un momento histórico importante, tratando de construir la paz. Me encantaría reunirme en Nueva York el 15 de Noviembre con la posibilidad de trabajar juntos." El escritor era un representante de la Escuela Superior de Administración Pública (ESAP), la escuela de Administración Pública de Colombia, quien estaba tratando de encontrar su lugar en el abarrotado panorama de la construcción de paz en Colombia.

Alrededor de 19 meses después de seguidas reuniones en Nueva York y Bogotá, después de intercambiar cientos de correos electrónicos y mensajes de WhatsApp, el seminario conjunto de investigación en construcción de paz comenzó como la primera colaboración formal entre el programa de investigación y educación para la paz (PREP) y la ESAP. El seminario impartido a nivel de maestría en el centro de asuntos globales de la escuela de estudios profesionales de la Universidad de Nueva York, tenía como objetivo reunir cuatro estudiantes de cada institución para desarrollar proyectos conjuntos de investigación sobre la paz que podrían llevarse a cabo en Colombia siete meses después.

El objetivo era desarrollar proyectos de investigación relacionados con la implementación del acuerdo de paz en Colombia, que tras, el fracaso del plebiscito por la paz, había sido aprobado por el Congreso de la república en noviembre de 2016. La implementación del acuerdo enfrento una serie de desafíos que nuestro equipo de investigación esperaba documentar y abordar de manera que pudieran ayudar en la búsqueda de paz en Colombia.

Al igual que el acuerdo, el seminario conjunto de investigación sobre construcción de paz también tuvo que enfrentar importantes desafíos. Para empezar, los cuatro estudiantes seleccionados para representar a la ESAP Nueva York para un curso intensivo de tres semanas, no recibieron la aprobación para viajar debido al incumplimiento de algunos procedimientos burocráticos de su escuela. Así que nuestros estudiantes de la universidad de Nueva York continuaron sin sus contrapartes, y en su lugar interactuaron a través de video conferencias diarias con varios de la facultades de la ESAP quienes accedieron a ayudar a los estudiantes en la formulación de los proyectos de investigación viables que pudieran llevarse a cabo con socios investigadores Colombianos no determinados en Locaciones de Colombia igualmente no determinadas.

Todos estábamos preocupados, sin embargo, nos mantuvimos optimistas y comprometidos con nuestra incipiente colaboración.

Eventualmente surgió un posible camino a seguir. Uno de los profesores de la ESAP, Nelson Rincón, sugirió a su grupo de investigación en Algeciras, el sitio de una pequeña sede de la ESAP, que podría conectarse con el proceso de investigación previsto con nuestro grupo en NYU. El grupo de investigación de la ESAP en Algeciras que se llamaba RESURPAZ, ya estaba llevando a cabo su propio proyecto de investigación de acción participativa que buscaba documentar la larga historia de violencia había sufrido el pueblo, para que Algeciras fuera reconocida por el gobierno como víctima colectiva de los daños y calificar para recibir reparaciones este proyecto se alineo bien con el interés expresado por nuestro equipo de NYU de explorar como el proceso formal de reparaciones estaba o no contribuyendo a la construcción de paz.

Durante los meses siguientes nuestro equipo de la NYU hizo que sus propuestas y planes De investigación fueran examinados y aprobados por la junta de revisión institucional de la universidad.

A lo largo del proceso, una versión en español del examen de ética requerido en la investigación tuvo que ser creado y aplicado a los 16 miembros del grupo RESURPAZ para que pudieran servir oficialmente como coinvestigadores

En Noviembre de 2018, el equipo de RESURPAZ y el de la NYU se vieron por primera vez vía video conferencia, todos expresando su emoción por el trabajo de campo conjunto que se iniciaría en dos meses. Rincón trabajo estrechamente con Katerina Siira del PREP quien supervisaba todo nuestro trabajo en Colombia, para desarrollar cuatro equipos de investigación, cada uno de los cuales incluye a un estudiante de la NYU y de tres a cinco estudiantes de la ESAP. Estaban casi listos para llevar a cabo su investigación que planteaba una pregunta central: ¿Cual es percepción de la gente sobre como los sistemas de reparación establecidos por el acuerdo de paz de 2016 has han contribuido a incrementar la tranquilidad en Algeciras?" los equipos plantearon la pregunta desde la perspectiva de cuatro grupos interesados diferentes: ex combatientes, mujeres víctimas de las FARC, mujeres víctimas del Estado y jóvenes.

Para cuando nuestro equipo de la NYU llego a Algeciras, después de reunirse con Rincón en Neiva, capital del Departamento del Huila y hacer un viaje de 90 minutos juntos la expectativa y la ansiedad iban aumentando. Ninguno de los dos grupos sabía que esperar del otro. Todos sabias que tendrían mucho trabajo que hacer juntos durante las dos semanas y media siguientes

Y entonces comenzó una encantadora velada introductoria de comida bebida y música local que dio paso rápidamente a un cronograma diario lleno de grupos focales, entrevistas, largos debates nocturnos sobre como un grupo de estudiantes de habla Hispana de la NYU, uno de España, uno de Chile, uno de Canadá y uno de New York – podrían hacer que sus investigaciones fueran valiosas para la gente de Algeciras, que había sufrido profundamente durante tanto tiempo.

Poco a poco la respuesta se hizo clara. La investigación fue extremadamente valiosa para los estudiantes de la ESAP, la mayoría de los cuales nunca habían viajado fuera de Colombia y quienes se sintieron validados en sus esfuerzos debido al apoyo que recibieron por parte del equipo de la NYU. La investigación fue extremadamente valiosa para los residentes de Algeciras, quienes dijeron en repetidas ocasiones sentirse complacidos al saber que sus experiencias serian capturadas en este libro y distribuidas a lectores de habla inglesa y española en cualquier parte de Colombia, los estados unidos y otros lugares del mundo. La investigación también fue extremadamente valiosa para nuestros estudiantes de la NYU quienes de otra manera nunca habrían tenido la oportunidad, en una etapa tan temprana de sus carreras de experimentar el poder de participar en asociaciones de investigación verdaderas y equitativas con colegas cuyas realidades cotidianas eran inimaginables para nuestro grupo.

Después de la última entrevista, la imagen se enfocó. Los estudiantes de investigación de la NYU y la ESAP se reunieron para alzar las voces de los Algecireños, y al hacerlo, les devolvieron al menos un poco de la dignidad que habían perdido durante medio siglo de violencia sistemática. Fue un recordatorio para todos nosotros de que la paz debe ser construida poco a poco y que incluso la acción más pequeña: un correo o un mensaje por LinkedIn, por ejemplo, puede ser el primer paso de un largo viaje hacia la construcción de un futuro más pacífico.

Thomas Hill
New York, NY
Agosto 2019

En mi condición de Docente de la Escuela Superior de Administración Pública ESAP, tuve la ocasión de orientar un curso a los estudiantes de pregrado de dicha universidad, en el Municipio de Algeciras Huila, esto fue en el mes de mayo del 2016, estábamos en el proceso de las campañas frente al Plebiscito sobre el proceso de Paz, conociendo de antemano la realidad de la violencia vivida por los habitantes de este municipio, pues en el contexto del Departamento del Huila, es catalogado como el mayor expulsor de población civil y en donde han ocurrido de manera sistemática la mayoría de homicidios selectivos[1]; en medio de las dinámicas de la clase y los conversatorios con los estudiantes-pobladores, surgió el tema del Plebiscito por la paz y la posibilidad de que los Guerrilleros de las FARC, pudieran convivir de forma pacífica en el Municipio, lo cual desato fuertes discusiones entre los estudiantes, muchos de ellos comentaron sus historias de tragedias y victimización, en su mayoría todos fueron víctimas por las afectaciones a sus Derechos Humanos; unos se manifestaron a favor del proceso de Paz y otros de forma radical afirmaron que jamás perdonarían lo que les hicieron a sus familias, que el proceso de Paz era absolutamente negativo y que se debía seguir con la confrontación armada hasta derrotar militarmente a la guerrilla.

Surgió así, la idea de conformar un semillero de investigación con los estudiantes (Región Sur Paz, RESURPAZ) para establecer con ellos cuales serían las percepciones de los pobladores de Algeciras sobre el proceso de Paz, se logró en 6 meses desarrollar entrevistas, talleres con grupos focales, donde se trabajó con las asociaciones de víctimas, los estudiantes de la ESAP, con presidentes de las juntas de Acción Comunal, docentes de las instituciones educativas rurales y del casco urbano, también con algunos funcionarios de la Administración municipal.

Los resultados con estos grupos focales[2], fueron bastante favorables al Plebiscito en favor de la Paz, a partir de esta investigación, se recibió la solicitud de los grupos de víctimas del Municipio, que

---

1   Según el informe de la Unidad Nacional de Victimas 2016, para esa fecha en Algeciras se habían cometido más de 1.540 homicidios selectivos y expulsado como desplazados más 15 mil personas, en una población no superior a 24 mil habitantes.

2   En este Municipio altamente afectado por la violencia, finalmente gano el Si en el Plebiscito (por mínima diferencia); en el contexto del Huila fue la excepción junto al Municipio de Baraya; en los demás 35 Municipios gano de forma mayoritaria el No.

manifestaron la necesidad del acompañamiento profesional para construir los relatos de los numerosos casos de violaciones a los derechos humanos; en este sentido en el año 2017 realizamos la primera Fase de la investigación sobre la posibilidad de la memoria histórica de los hechos victimizantes; se logró delimitar el contexto histórico de la periodicidad de los procesos de violencia vividos en Algeciras, estableciéndose así que esta región es un reflejo de todas las dinámicas de violencia en el país, desde el asesinato de Gaitán (1948)[3], la violencia bipartidista, el bandolerismo, el surgimiento de la FARC (1964), y la dura confrontación a raíz de la Zona de Distensión, y la implementación de la Seguridad Democrática (1998-2012[4]); también se evidencia el descenso significativo de las confrontaciones armadas y la victimización de la población civil, con la implementación del actual proceso de Paz (2013-2018).

Se realizaron más de 100 entrevistas a víctimas y pobladores, también varios talleres focales con las asociaciones de víctimas del Municipio, en medio de esta dinámica se constató que si existen denuncias de los hechos victimizantes de forma individual que varios ya fueron indemnizados o están en proceso, pero a nivel del Municipio no existía la construcción de la historia sobre la violencia y sus afectaciones. Los pobladores-victimas, comentaron que todos de forma directa o indirecta padecieron el temor, terror, miedo, zozobra y estigmatización lo cual genero la idea de construir el informe crítico, analítico, histórico y descriptivo de la violencia en Algeciras que tuviera un impacto medible, una utilidad concreta y es la Declaración como Victima de Daño Colectivo, según la Ley 1448 y todo el marco jurídico del DIH, y así mismo se pueda implementar con mayor claridad todo lo concerniente al punto del acuerdo sobre Víctimas (Verdad, Justicia, Reparación y no Repetición) en la Jurisdicción Especial de Paz.

El proceso de investigación y todo el trabajo ha sido posible en la medida que se contó con el apoyo de los estudiantes de pregrado

---

3   Jorge Eliecer Gaitán, fue un líder político del partido liberal, el cual era candidato a la presidencia de la república en Colombia, se perfilaba como el seguro ganador en contienda con el partido conservador y fue asesinado en confusos hechos, que todavía son tema de controversia en el país.

4   Se amplía el periodo hasta el 2012, pues los dos primeros años de gobierno del presidente Santos, 2010-2012, mantuvo en general la política de Seguridad Democrática, con los mismos impactos de militarización de la sociedad

ESAP, que cursan la carrera de Administración Pública Territorial en Algeciras, además de ello el apoyo financiero de la facultad de investigaciones de la ESAP, pero de forma especial la confianza y relación con las tres asociaciones de víctimas del Municipio, y con ellos la relación con los pobladores, los comerciantes, docentes, líderes comunales; también hemos tenido conversaciones con los excombatientes y milicianos de las FARC, quienes en el municipio tienen tres asociaciones que agrupan cerca de 80 asociados, los cuales compartieron sus versiones del conflicto y los procesos de violencia, para con ello tener una perspectiva más amplia de estos años de violencia y de las dinámicas que se vienen presentando con la materialización de los acuerdos de Paz y sus posibilidades reales.

A mediados del año 2018, y gracias a las relaciones de la Facultad de investigaciones de la ESAP, nos relacionamos con la Universidad de New York (NYU), se logró consolidar la propuesta para que 4 estudiantes de la maestría de esta universidad pudieran realizar un periodo de estancia en el municipio de Algeciras, para conocer a profundidad la consolidación del proceso de Paz en el territorio; para ello se desarrollaron varias entrevistas por canales de internet, nos conocimos y logramos establecer la confianza para implementar este importante proceso liderado por el profesor Thomas Hill, y la coordinadora programa de Investigación y Educación para la Paz (PREP) Katerina Siira. Es así, que, en enero del año 2019, tuvimos la visita y acompañamiento de los 4 estudiantes y los directivos de este programa de la Universidad de NYU; previamente habíamos socializado las dinámicas con las asociaciones de víctimas, también con los excombatientes FARC y con pobladores afines a la temática, de tal forma que se logró convocar a los diversos encuentros y actividades que se desarrollaron.

En diversas conversaciones con las asociaciones de víctimas, ellos nos comentaron que la experiencia fue muy positiva, sobre todo que les gusto saber que para los extranjeros era importante conocer la realidad de lo acontecido en Algeciras, esto los hacía sentirse reconocidos, ser personas; ser escuchados con interés y respeto fue muy importante. Además, que participaron porque desean que el mundo sepa toda la tragedia padecida, expresaron que se sintieron muy bien tratados y se llevaron una excelente impresión de los visitantes; también se comentó que en el Municipio hacía muchos años no se había visto personas extranjeras, norteamericanas, de cabello mono y ojos de color azul intenso pasear tranquilamente por sus calles, lo cual es un buen indicio de que el proceso de paz si ha cambiado varios factores cotidianos de convivencia.

Para los excombatientes también fue importante, en la medida que ellos buscan ser reconocidos como una fuerza política, y por lo mismo poder comunicar sus experiencias de vida y percepciones sobre el proceso de Paz, los lleva a confiar en que esta opción es el mejor camino y esperan que la paz se consolide.

De igual forma, para los miembros del grupo RESURPAZ, fue una gran experiencia de aprendizaje el poder compartir con los visitantes, conocer a los estudiantes de la maestría que son muy jóvenes y académicos, lo que les represento para ellos un modelo a seguir y continuar en su proceso de formación, de igual manera el confrontar la importancia de aprehender a hablar inglés motivo a que varios de los estudiantes de la ESAP siguieran profundizando sus estudios en este sentido y motivar a otros para empezarlo. También genera la expectativa de poder continuar con otros procesos de trabajo con la Universidad de New York y poder consolidar finalmente el documento que se va a publicar.

Uno de los mayores aprendizajes de este proceso de intercambio y que viene siendo asimilado en las asociaciones de víctimas y en el grupo RESURPAZ, es acoger en el uso de la significación del término "sobrevivientes" por el de víctimas, constantemente en diversos espacios, encuentros y talleres se hace énfasis en distinguir a las víctimas de los sobrevivientes de la violencia, pues nos parece que es una mejor forma de entender lo que realmente paso, y por lo mismo, seguramente con el tiempo esta denominación ira ganado su espacio social de uso cotidiano; como parte de este proceso se está empezando a fundar una nueva asociación de víctimas, que precisamente desean que sean reconocidos como asociación de sobrevivientes de la violencia en Algeciras.

Nelson Rincón
Neiva, Colombia
Agosto 2019

Preface

The journey that led to this edited volume began innocuously enough, with a brief message to my LinkedIn account. The message, which arrived three weeks after a failed referendum on a peace agreement negotiated between the Colombian government and the Revolutionary Armed Forces of Colombia (FARC), read, in part: "We are in an important historical moment, trying to build peace. I would love to meet in NYC on November 15th for the possibility of working together." The writer was a representative of the *Escuela Superior de Administración Pública* (ESAP), Colombia's school of public administration, which was trying to find its place in Colombia's crowded peacebuilding landscape.

About 19 months later -- following meetings in New York and Bogota, and after exchanging hundreds of emails and WhatsApp messages -- the Joint Research Seminar in Peacebuilding began as the first formal collaboration between the Peace Research and Education Program (PREP) and ESAP. The seminar, taught as a master's level course at the Center for Global Affairs at NYU's School of Professional Studies, aimed to bring together a cohort of four students from each institution to develop joint peace research projects that they could carry out in Colombia seven months later.

The goal was to develop research projects related to implementation of Colombia's peace agreement -- which, following the failed referendum, had been adopted by Colombia's Congress in November 2016. Implementation of the agreement faced a raft of challenges that our research team hoped to document and address in ways that might help Colombia in its pursuit of peace.

Like the agreement, the Joint Research Seminar in Peacebuilding also faced significant challenges. For starters, the four students selected to represent ESAP in New York for a three-week intensive course did not receive approval to travel due to non-compliance with some of their school's bureaucratic procedures. So our NYU students carried on without student counterparts, and instead interacted through daily videoconferences with several ESAP faculty members who agreed to help the students formulate viable research projects that could be conducted with as-yet-undetermined Colombian research partners in an as-yet-undetermined Colombian location.

Everybody worried. Yet everybody remained optimistic and committed to our fledgling partnership.

Eventually, a possible way forward emerged. One of the ESAP professors, Nelson Rincon, suggested that his existing research group in Algeciras -- the site of one of ESAP's small, rural outposts -- could connect to the envisioned research process with our group from NYU. The Algeciras ESAP research group -- which went by the name RESUPRPAZ -- already was in the middle of conducting its own participatory action research project that sought to document the long history of violence from which the town had suffered so that Algeciras could be recognized by the Colombian government as a collective victim of harm and qualify to receive reparations. That project aligned well with our NYU team's expressed interest in exploring how Colombia's formal reparations process was (or was not) contributing to peacebuilding.

Over the next few months, our NYU team had its research proposals and plans vetted and approved by the university's institutional review board. Along the way, a Spanish-language version of the required research ethics exam had to be created and administered to all 16 members of the RESURPAZ group so that they could officially serve as co-researchers.

In November 2018, the RESURPAZ team and the NYU team met for the first time via video conference, everyone expressing their excitement for the joint fieldwork which was set to begin two months hence. Rincon worked closely with PREP's Katerina Siira

-- who oversees all of our work in Colombia -- to develop four research teams, each one including one NYU student and three-to-five ESAP students. They were just about ready to carry out their research that asked the central question: What are people's perceptions of how the reparations system established by the 2016 peace agreement has contributed to increased peacefulness in Algeciras?" The teams asked the question from the perspectives of four different stakeholder groups: ex-combatants; women victims of the FARC; women victims of the state, and; youth.

By the time our NYU team reached Algeciras -- after meeting up with Rincon in the department capital of Neiva and making the 90-minute drive together -- anticipation and anxiety was running high. Neither group knew what to expect from the other. Everyone simply knew they would have a lot of work to do together over the subsequent two-and-a-half weeks.

And then, it began. A lovely introductory evening of locally-prepared food, drink and music quickly gave way to a daily schedule packed with focus groups, interviews and long evening discussions about how a group of Spanish-speaking NYU students -- one from Spain, one from Chile, one from Canada and one from New York -- could possibly make their research valuable to the people of Algeciras, who had suffered so deeply and for so long.

Little-by-little, the answer became clear. The research was extremely valuable to the ESAP students, most of whom had never traveled outside Colombia and who felt validated in their efforts due to their collaboration with the NYU team. The research was extremely valuable to residents of Algeciras, who said repeatedly that they were pleased simply knowing that their experiences would be captured in this volume, and distributed to English- and Spanish-speaking readers elsewhere in Colombia, in the United States, and elsewhere. And the research was extremely valuable to our NYU students, who otherwise would never have had the opportunity -- at such an early stage of their careers -- to experience the power of participating in true, equitable research partnerships with colleagues whose day-to-day realities were unimaginable to our group before the seminar began.

After the last interview was conducted, the picture snapped into focus. Student researchers from NYU and ESAP had come together to raise the voices of Alegecirans, and in so doing, had given them back at least a small piece of the dignity they had lost during a half century of systematic violence. It was a reminder for all of us involved, that peace has to be built a little bit at a time and that even the smallest action -- an email or LinkedIn message, for example -- can be a first step in the long journey toward building a more peaceful future.

Thomas Hill
New York, USA
August 2019

As a teacher of the *Escuela Superior de Administración Pública* (ESAP), I had the opportunity to teach a course to undergraduate students of the university in the municipality of Algeciras, Huila in May 2016. We were in the campaign period of the Plebiscite on the Peace Agreement, knowing in advance, the reality of the violence experienced by the residents of this municipality which is counted as the site of greatest forced displacement and where the most selective homicides have occurredsystematically in the Department of Huila.[1] Amid the dynamics of the class and the conversations with the local students, the theme of the Plebiscite for peace and the possibility that the FARC *Guerrillas* could coexist peacefully in the Municipality arose among the students and sparked strong discussions. Many of them commented on their stories of tragedies and victimization; the majority of them were victims of human rights abuses. Some declared their support of the peace process and others vehemently affirmed that they would never forgive what was done to their families, that the peace process was absolutely negative and that the armed confrontation should continue until the guerrillas were defeated militarily.

Thus arose the idea of forming a research group with the students (Region Sur Paz, [RESURPAZ]) to ascertain Algercians' perceptions about the peace process. In six months, the ESAP students, along with presidents of the Community Action Boards, teachers of the rural educational institutions and the urban area and some officials of the municipal administration, developed interviews and workshops with focus groups with the victims associations.

The results of these focus groups were quite positive towards the Plebiscite in favor of peace.[2] Out of this investigation, we received a request from victims groups from the municipality, who expressed the need for professional accompaniment to document the stories of the numerous cases of human rights violations. Accordingly, we carried out the first phase of the research in 2017 on constructing the historical memory of victimizing acts;

---

1   According to the report of the National Victims Unit, as of 2016, more than 1,540 selective homicides had been committed and 15,000 people were displaced in Algeciras, which has a population of no more than 24,000 inhabitants.

2   In this municipality, highly affected by violence, the "yes" vote in favor of the Peace Agreement won by a small margin; Algeciras, along with the Municipality of Baraya, was the exception in Huila. In the other 35 municipalities, "no" won.

we delineated the historical context of the periods of violence experienced in Algeciras, establishing that this region is a reflection of all the dynamics of violence in the country, from the murder of Gaitán (1948),[3] to bipartisan violence, banditry, the emergence of the FARC (1964), and the harsh confrontation following the establishment of the Demilitarized Zone and the implementation of the Democratic Security Policy (1998-2012).[4] The significant decrease in armed confrontations and the victimization of the civilian population owing to the implementation of the current peace process (2013-2018) was also evident.

The group conducted more than 100 interviews with victims associations and residents as well as several focus group workshops with victims associations of the municipality. In the midst of this process, it was discovered that official complaints regarding acts of victimization on an individual level had been submitted, and some victims had already been compensated for or were in the process of receiving compensation for such acts against them. However, at the municipal level, there was no documentation of the history of violence and its effects. Local victims expressed that everyone directly or indirectly suffered from fear, terror, anxiety and stigmatization. This generated the idea of constructing a critical, analytical, historical and descriptive report of the violence that would have a measurable impact and be of concrete use in Algeciras: its Declaration as a Victim of Collective Damage, according to Law 1448 and the entire legal framework of international human rights. Moreover, it could be applied in the Special Jurisdiction of Peace with utmost clarity pertaining to the point of the agreement on Victims (Truth, Justice, Reparation and not Repetition).

The research process and all the work has been possible to the extent that it was supported by ESAP undergraduate students, who are studying Territorial Public Administration in Algeciras, the

---

3   Jorge Eliecer Gaitán, a political leader of the liberal party, was a candidate for the presidency of the republic in Colombia. He was emerging as the winning party in opposition to the conservative party. He was killed in unclear circumstances, the facts of which are still a matter of controversy in the country.

4   The period is extended until 2012 as the government of President Santos generally maintained the Democratic Security policy, with the same impacts of militarization of society during the first two years of his presidency (2010-2012).

financial support from the research faculty of ESAP, but especially the trust and relationship with the three victims associations of the municipality, and with them, the relationships with residents, merchants, teachers, and community leaders. We have also had conversations with ex-combatants and militia members of the FARC, who have three associations in the municipality that bring together about 80 members. They shared their versions of the conflict and the processes of violence, offering a broader perspective of these years of violence and the dynamics that have been presented with the materialization of the Peace Agreement and its real possibilities.

In the middle of 2018, thanks to the relationships of the ESAP Faculty of Research, we interacted with New York University (NYU) and made it possible for four master's students of this university to stay in the municipality of Algeciras for a period of time, to gain a deep understanding of the strengthening of the peace process in the territory. To make this happen, several interviews were carried over the internet; we met and managed to establish the confidence to implement this important process led by Professor Thomas Hill, and the coordinator of the Peace Research and Education Program (PREP) Katerina Siira. Thus, in January 2019, we had the visit and accompaniment of the four NYU students and the directors of this program. We had socialized the dynamics with the victims associations, the ex-combatants FARC and relevant residents in such a way that it was possible to convene the various meetings and activities that were developed.

In various conversations, the victims associations told us that the experience was very positive. They especially liked knowing that foreigners found it important to know the truth of what happened in Algeciras; this made them feel recognized and human. Being heard with interest and respect was very important. In addition, they participated because they want the world to know all the tragedy suffered; they said they felt very well treated and got an excellent impression of the visitors. It was also commented that no foreigners or American people with *mono* hair and deep blue eyes had been seen walking quietly through the municipality's streets for many years, which is a good indication that the peace process has changed several factors of daily coexistence.

For the ex-combatants it was also important, insofar as they seek to be recognized as a political force, to be able to share their life experiences and perceptions about the Peace process themselves; It can lead them to trust that this option is the best way and expect peace to be consolidated.

Similarly, for members of the RESURPAZ group, it was a great learning experience to be able to share with visitors, meet the master's students who are very young and academic, which represents a role model to continue in their own process of training. Likewise, confronting the importance of learning to speak English motivated several of the ESAP students to deepen their studies and motivated others to start. It also generated the expectation of possibilities for continued work with NYU and to finally consolidate the document to be published.

One of the greatest lessons from this process of exchange -- and that has become assimilated in the victims associations and in the RESURPAZ group -- is the embrace of the term *survivor* to describe the victims. In different spaces, meetings and workshops, emphasis is continuously placed on distinguishing victims from survivors of violence. As it seems to us a better way to understand what really happened, surely this denomination will eventually gain its societal place in daily use. As part of this process, a new association of victims who would like to be explicitly recognized as an association of survivors of violence in Algeciras is currently being founded.

Nelson Rincón
Neiva, Colombia
August 2019

Introducción

Toda Colombia, con una población aproximada de 50 millones de habitantes, sufrió mucho durante más de cinco décadas de conflicto armado interno. Pero se puede decir que las 25.000 personas que viven en Algeciras, un pueblo de montaña donde la insurgencia antigubernamental tenía algunas de sus raíces más profundas, han sufrido más que la mayoría.

Algeciras experimentó una de las tasas de violencia más altas de toda Colombia. Se convirtió en un lugar de inmensa importancia durante el violento conflicto bipartidista de los años cincuenta, con los liberales (en su mayoría campesinos y agricultores) por un lado y los conservadores (representados por los militares, la iglesia y otras élites) por el otro. Algeciras, ocupada principalmente por campesinos liberales, se convirtió en un destino para otros liberales que huían de la persecución conservadora; algunos crearon grupos de autodefensa campesinos liberales. Las *Fuerzas Revolucionarias de Colombia-Ejército del Pueblo* (FARC-EP) finalmente se construyeron sobre esa estructura existente, incorporaron una orientación comunista y reunieron al grupo guerrillero más grande de América Latina. (RESURPAZ, 2019, p. 8). Las líneas de fractura que surgieron durante el conflicto bipartidista que dejó a las FARC-EP de un lado y al Estado del otro, se desataron durante décadas, con el pueblo de Algeciras atrapado entre dos poderosos adversarios en la primera línea del conflicto armado.

Más allá de su simbolismo como lugar de nacimiento de las FARC-EP, Algeciras sirvió como lugar estratégico para las FARC. Las altas montañas que rodean el municipio ofrecían a los combatientes protección para vivir, entrenar, descansar y cubrir el movimiento de personas y bienes ilícitos a través de corredores[1] establecidos de sur a norte hacia ciudades clave como Bogotá. Las fértiles tierras de Algeciras y la abundancia de agua permitieron, además, que los combatientes de las FARC-EP pudieran sostenerse (RESURPAZ, 2019).

Algeciras permaneció en gran medida bajo el control de las FARC-EP desde el inicio del grupo en 1964 hasta 2018, y fue escenario de numerosos enfrentamientos armados entre las FARC-EP y los militares que afectaron no sólo a actores armados, sino también a civiles. La población de Algeciras experimentó altos índices de victimización por todas las partes durante las diversas fases del conflicto armado, comenzando con los primeros enfrentamientos militares entre el Estado y las FARC-EP a finales de la década de 1960. En 1968, Algeciras fue designada como parte de la *zona roja* debido a los enfrentamientos cada vez más mortíferos. En la década de 1980, el Estado prácticamente abandonó el municipio, creando una apertura para que las FARC-EP asumieran funciones de tipo estatal y comenzaran a ejercer un nivel de autoridad tradicionalmente reservado sólo para el Estado. Sin ningún tipo de rendición de cuentas, las FARC-EP llevaron a cabo extorsiones, desplazamientos forzados, secuestros y asesinatos.

Finalmente, el Presidente Andrés Pastrana Arango creó zonas de despeje entre 1998 y 2002 como parte de sus esfuerzos por establecer un proceso de paz. Pero una vez que eliminó toda presencia militar de las zonas aledañas a Algeciras, los índices de violencia cometidos por las FARC-EP se dispararon aún más, lo que incrementó aún más el control económico, social y cultural de la región por parte del grupo guerrillero. El presidente Álvaro Uribe Vélez siguió los fracasos de Pastrana al establecer lo que su gobierno llamó el Plan Colombia, que adoptó una línea dura de respuesta militarizada a la insurgencia. Los principales resultados fueron el desplazamiento masivo de civiles y niveles aún más altos de violencia cometidos por ambas partes, incluyendo un aumento significativo en los ataques y la captura de civiles imputados como miembros de las FARC-EP (RESURPAZ, 2019).

---

1   Ver mapa página v.

En este contexto, Algeciras se convirtió en el lugar más minado de toda Colombia; tuvo la sexta tasa de homicidios selectivos más alta del país (1.540 en total); 15.000 de sus residentes fueron desplazados durante el conflicto armado; hasta el día de hoy, la población de Algeciras fue profundamente afectada por los efectos psicosociales del conflicto armado y sigue enfrentándose a la marginación social y económica debido a la estigmatización generalizada de los Algecireños como simpatizantes de la guerrilla (RESURPAZ, 2019).

Pero la experiencia intensamente violenta de Algeciras no cuenta toda la historia de la ciudad. Más de dos años después de que el gobierno Colombiano y las FARC-EP firmaran su histórico Acuerdo de Paz, los habitantes de Algeciras buscaban nuevos caminos hacia un futuro pacífico a través de los mecanismos establecidos por el Acuerdo de Paz. Una de las formas en que los Algecireños como muchos otros colombianos que sufrieron intentan avanzar es contando sus historias y articulando sus visiones individuales y colectivas de la paz.[2]

Este estudio trata de dar voz a algunas de esas visiones, aunque sea a través de la lente localizada y estrecha de un enfoque oficial de consolidación de la paz en particular. El sistema de reparaciones, un conjunto clave de mecanismos centrados en los sobrevivientes para construir la paz, fue un elemento clave del Acuerdo de Paz firmado en noviembre de 2016 entre el gobierno colombiano y las FARC-EP.[3] En enero de 2019, poco más de dos años después de la firma del acuerdo, los habitantes de Algeciras, incluidos los coinvestigadores de este libro, abrieron su comunidad con calidez y generosidad a los estudiantes de maestría y al profesorado del Centro de Asuntos Globales de la Escuela de Estudios Profesionales de la Universidad de Nueva York (NYU SPS). Los estudiantes de NYU colaboraron con miembros del grupo de investigación RESURPAZ de la Escuela Superior de Administración Pública (ESAP) en cuatro proyectos de investigación sobre la paz. Juntos, trataron de documentar las

---

2   En Colombia hay aproximadamente 8,5 millones de víctimas registradas, lo que significa que más de una de cada seis personas es víctima (Unidad de Víctimas, 2019).

3   Las FARC-EP se utilizan para describir al grupo guerrillero armado antes de que éste deponga las armas. FARC, (Fuerza Alternativa Revolucionaria del Común), se utiliza para describir el partido político que las FARC-EP crearon después del Acuerdo de Paz.

concepciones de paz y las percepciones de la implementación de las medidas de reparación del Acuerdo de Paz entre los jóvenes, las mujeres sobrevivientes de la violencia cometida por las FARC-EP y el Estado, y los ex combatientes de las FARC-EP que viven en Algeciras. Estos cuatro grupos representan a algunos de los principales actores de la construcción de la paz en Algeciras, que se encuentra en el Huila, un departamento del sur de Colombia.

A las personas que participaron en este estudio se les pidió que reflexionaran sobre el efecto del Acuerdo en la paz de Algeciras. Lo hicieron en el contexto de 55 años de conflicto armado en Colombia, que se había cobrado 270.000 vidas debido a homicidios, lo que provocó el desplazamiento de 7,5 millones de personas y el secuestro de aproximadamente 33.000 personas. Las mujeres, los indígenas y los afrocolombianos se vieron desproporcionadamente afectados no sólo por esta violencia directa, sino también por los altos niveles de desigualdad y falta de desarrollo rural, que son el motor y el resultado del conflicto (Unidad de Víctimas, 2019).

Este contexto es crucial para entender los resultados de los estudios, pero la investigación contenida en este volumen no pretende reforzar aún más la historia de la violencia estructural, cultural y directa en Algeciras. Gran parte de la memoria histórica de Algeciras ya ha sido meticulosamente construida por investigadores de RESURPAZ, muchos de los cuales han prestado sus servicios en este proyecto. En su lugar, esta investigación pretende aumentar la comprensión de cómo los mecanismos de reparación establecidos en el Acuerdo de Paz podrían ayudar en la transformación de los territorios rurales de Colombia, de lugares asociados principalmente con su reciente historia de violencia a lugares conocidos por sus esfuerzos para construir y fortalecer una paz sostenible.

El Acuerdo

El Acuerdo de Paz fue anunciado el 24 de agosto de 2016, tras dos años de negociaciones secretas entre los líderes de las

FARC-EP y el gobierno del entonces presidente Juan Manuel Santos. Las conversaciones secretas fueron seguidas de cuatro años de negociaciones públicas entre los dos actores, con diversos mecanismos de aportes de sobrevivientes, mujeres, lesbianas, gays, bisexuales y transexuales (LGBT), expertos en violencia sexual, representantes de comunidades indígenas y afrocolombianas y con el apoyo de actores internacionales como las Naciones Unidas y Noruega. La participación se abrió aún más a la sociedad civil y a los ciudadanos colombianos a través de consultas locales y nacionales y foros en línea (IPI, 2017).

Muchos observadores internacionales calificaron el proceso de altamente participativo, en particular en lo que respecta a la inclusión de la perspectiva de género. Sin embargo, la ausencia de verdaderos circuitos de retroalimentación y el compromiso con los colombianos de todo el espectro político a lo largo de la redacción del Acuerdo preparó el terreno para una batalla politizada y polarizadora cuando el Acuerdo de casi 300 páginas se presentó en referéndum a principios de octubre de 2016 (IPI, 2017). Casi el 60 por ciento de los votantes se abstuvo de votar, y de los que sí votaron, el 50,2 por ciento se opuso al Acuerdo de Paz, mientras que el 49,7 por ciento lo aprobó (El País, 2016). El sí ganó por escaso margen en Algeciras con un 54,48 por ciento de votos a favor del Acuerdo. Fue uno de los dos únicos municipios del departamento del Huila que votó a favor del Acuerdo. (RESURPAZ, 2019). A pesar de este aparente revés, el gobierno firmó una versión modificada del Acuerdo el 24 de noviembre de 2016. Ambas cámaras del congreso ratificaron el Acuerdo poco después, poniendo fin al conflicto armado más largo del hemisferio occidental.

El Acuerdo de Paz no sólo estableció un marco para el cese del conflicto armado (paz negativa), sino que también trazó un camino hacia la paz positiva, "un entorno óptimo en el que el potencial humano puede florecer" (IEP, 10). El Acuerdo incluyó procesos y programas destinados a lograr la transformación económica y social de la Colombia rural y la participación política de los ex combatientes de las FARC-EP. También ofrece soluciones a los espinosos problemas que plantea la generalización de los cultivos ilícitos. El Acuerdo estableció además el marco para la implementación del *Sistema Integral de Verdad, Justicia, Reparación y no Repetición* (SIVJRNR), centrado en los sobrevivientes. El sistema de justicia transicional se basó en la Ley 1448, comúnmente conocida como la *"ley de víctimas"*, que había establecido un conjunto de medidas judiciales y no judiciales para: atender las quejas de los sobrevivientes individuales y colectivos; documentar y garantizar la rendición de cuentas por lo ocurrido durante el conflicto armado; ofrecer garantías de seguridad jurídica a quienes participan legítimamente en el sistema establecido; y garantizar la coexistencia, la reconciliación y la no repetición (Oficina del Alto Comisionado de las Naciones Unidas para la Paz, ND a).

El SIVJRNR estableció la Justicia Especial de Paz (JEP), la Unidad Especial de Búsqueda de Personas Desaparecidas en el contexto del conflicto armado interno y la Comisión para el Esclarecimiento de la Verdad, la Convivencia y la No Repetición, comúnmente conocida como Comisión de la Verdad. El SIVJRNR también estableció caminos para las reparaciones individuales y colectivas, caracterizadas como "compensación financiera y en especie, compensación simbólica y compromisos para mejorar las relaciones" (Firchow y Mac Ginty, 2013, p. 234). En el Acuerdo se pedía que el Estado, las FARC y otros actores que contribuyeron directamente al conflicto violento, como los miembros de los grupos paramilitares, llevaran a cabo siete categorías de reparaciones. Los tipos de reparaciones incluidas: actos públicos y formales de reconocimiento de la responsabilidad colectiva; acciones concretas para contribuir a la reparación mediante, por ejemplo, la remoción de minas o la reconstrucción de la infraestructura destruida en el conflicto armado; reparaciones colectivas para asegurar una reforma rural integral a través de programas como los *Planes de Desarrollo Rural con Enfoque Territorial y* las reparaciones nacionales que reconocen el daño colectivo a grupos particulares;[4] rehabilitación psicosocial para garantizar la coexistencia pacífica y evitar el retorno al conflicto armado; facilitar el retorno colectivo de los desplazados internos colombianos y de los refugiados colombianos; la restitución de tierras; y el aumento

---

4   La investigación de memoria histórica de RESURPAZ se llevó a cabo en un esfuerzo por apoyar la solicitud para que Algeciras fuera declarada víctima de un daño colectivo. El proceso estaba en curso en Noviembre de 2019.

y fortalecimiento de los mecanismos y políticas participativos que beneficien a los supervivientes, incluidas las estipulaciones para que los excombatientes contribuyan directamente a la reparación de los daños causados por ellos. (Oficina Del Alto Comisionado para La Paz, ND b).

El SIVJRNR, el proceso de paz y el acuerdo en general - intentaron lograr un delicado equilibrio entre las medidas destinadas a prevenir nuevos conflictos violentos y las medidas que ofrecían justicia a los sobrevivientes de la violencia del pasado. Además, el SIVJRNR tiene por objeto aplicar reformas estructurales para abordar las causas profundas del conflicto armado mediante un

> Un modelo interconectado que, en cierto sentido, equilibraría las contribuciones de los perpetradores a la paz y a los derechos de las víctimas con alguna medida de beneficios para esos perpetradores, incluyendo sanciones penales reducidas o alternativas. Los requisitos podrían incluir proporcionar la verdad sobre crímenes pasados, contribuir a la consolidación de la paz o a la reparación de las víctimas, ayudar a desmantelar las redes criminales, localizar restos humanos o minas terrestres enterradas, o una serie de otras medidas. (Hayner, 2018, p. 18)

Los medios no retributivos para administrar una justicia centrada en los sobrevivientes han sido una fuente de tensiones polarizadoras en Colombia. Por un lado, algunos consideran que los mecanismos no penales basados en los principios de la justicia reparadora son fundamentales para garantizar el fin del conflicto armado, prevenir nuevos actos de violencia y satisfacer las necesidades de los supervivientes de manera integral. Otros consideran que el SVJRNR es demasiado indulgente o, peor aún, que posiblemente incentive a otros grupos armados como el *Ejército de Liberación Nacional* (ELN) a utilizar la violencia como mecanismo para avanzar hacia otro acuerdo de paz caracterizado por penas alternativas similares y aparentemente menos severas.

Hayner (2018) expresa un sentimiento frecuentemente escuchado de muchos actores externos, desde funcionarios de la ONU hasta académicos que trabajan con colombianos en el proceso de paz, de que Colombia es la gran esperanza de la comunidad internacional para lograr un proceso de paz correcto. Los mecanismos de construcción de la paz del SIVJRNR han sido elogiados como revolucionarios por su intención no sólo de abordar los daños del pasado, sino también de abordar las raíces subyacentes del conflicto y crear "ciclos virtuosos de reconciliación" (Kroc, 2019a, p. 3).

Sin embargo, persisten grandes tensiones entre los que están a favor del Acuerdo y los que se oponen a él, lo que conduce a una falta de claridad sobre lo que constituye justicia y las condiciones para la paz. El caso de Jesús Santrich, un ex comandante de las FARC-EP que se desempeñó como negociador en las conversaciones de paz en La Habana y luego fue elegido para el Congreso de Colombia en 2019, sirve para destacar lo polarizante que puede ser el camino hacia la paz. Santrich fue arrestado en 2018 tras ser acusado por un tribunal de los Estados Unidos de cargos de conspiración para introducir cocaína de contrabando en los Estados Unidos, pero en mayo de 2019 su liberación fue ordenada por el tribunal de la Jurisdicción Especial para la Paz (The Economist; Colombia Reports). Luego desapareció de una zona especial de reintegración a finales de Junio, lo que dio lugar a una nueva orden de arresto emitida por la Corte Suprema de Colombia (BBC News, 10 de julio de 2019). Santrich reapareció en Agosto como parte de un grupo de ex comandantes de las FARC que dijeron que estaban abandonando el acuerdo de paz y regresando a la lucha armada porque el gobierno del presidente Iván Duque Márquez no había mantenido los fines del Acuerdo protegiendo adecuadamente a los ex miembros de las FARC que estaban tratando de hacer la transición del conflicto armado a la paz. Más de 150 ex combatientes de las FARC, así como más de 500 líderes sociales, habían sido asesinados en los dos años anteriores. "El Estado no ha cumplido con sus obligaciones más importantes, que son garantizar la vida de sus ciudadanos y sobre todo evitar los asesinatos por razones políticas", dijo Iván Márquez, otro ex comandante de las FARC que se unió a Santrich en un anuncio en vídeo de su decisión de reanudar las hostilidades contra el gobierno (Baddour y Faiola).

Santrich es un ejemplo de cómo se suponía que funcionaría el Acuerdo, y en algunos aspectos no lo ha hecho. La Corte Especial fue establecida para considerar los crímenes cometidos durante la guerra, pero su jurisdicción -- como en el caso de Santrich -- ha sido en ocasiones cuestionada por otras instituciones colombianas. Se suponía que los miembros de las FARC-EP que confesaron la totalidad de sus crímenes recibirían penas de cárcel más cortas que en el sistema legal tradicional; entonces, se suponía que las necesidades de los sobrevivientes directos serían atendidas a través de la administración de la SVRJRNNR. Este sistema abre la posibilidad de que los sobrevivientes se enteren de lo que les sucedió a sus seres queridos, o de que quienes les hicieron daño a ellos o a sus familias les pidan perdón. Sin embargo, muchos creen que este sistema permite a los perpetradores de la violencia, como Santrich, avanzar con impunidad.

Muchas tensiones y dudas han surgido en las partes interesadas acerca de si el gobierno cumpliría con sus acuerdos sobre la corte especial y la implementación de medidas de reparación o si los ex combatientes de las FARC-EP seguirían comprometidos con la reintegración y los caminos desarmados hacia el cambio. Los continuos asesinatos de miembros de las FARC entre 2017 y 2019, que culminaron con el anuncio de Santrich, Márquez y otros de que habían regresado al conflicto armado, confirmaron que el sistema no había cumplido sus objetivos.

Este revés para el proceso de paz no fue una sorpresa y, de hecho, se prefiguró en el capítulo cuatro de este volumen, que amplifica las voces y las graves preocupaciones de los excombatientes sobre las reparaciones y otras medidas de reintegración. Otros afectados por el conflicto armado también señalaron a lo largo de este volumen el temor de que la violencia resurgiría si las reparaciones prometidas no fueran implementadas por el Estado.

Muchas de las preocupaciones expresadas por ciudadanos colombianos con respecto a la falta de progreso en la implementación del Acuerdo parecen estar justificadas. En un informe de abril de 2019 sobre el seguimiento de la aplicación del Acuerdo de Paz se indicaba que, si bien se estaba aplicando el 70% del Acuerdo, la mayoría de esas medidas sólo se estaban aplicando a niveles mínimos. Además, la implementación se desaceleró desde que la administración del Presidente Iván Duque Márquez asumió el poder en Agosto de 2018 (Kroc); algunos atribuyeron esta desaceleración a los dolores naturales del crecimiento de una nueva administración dotando de personal a sus departamentos y estableciendo sus protocolos, mientras que otros atribuyeron la lentitud a un proceso deliberado de estancamiento, o peor aún, de renegación del Acuerdo. El gobierno de Duque incorporó algunas de las medidas del Acuerdo en nuevos marcos que pasan del paradigma de la "paz territorial" a la "paz con legalidad", que se centra en la consolidación del Estado de derecho" (Caritas & Kroc, 2019, p. 8). A la fecha de publicación del informe, sólo el 23 por ciento de las estipulaciones totales habían sido "plenamente implementadas", mientras que el 13 por ciento estaban "en camino de ser implementadas plenamente dentro del plazo estipulado por el Acuerdo"; el informe señalaba que "el cumplimiento de estos compromisos aún no está asegurado". (Kroc, 2019a, p. 2). La falta de protección en materia de seguridad para los excombatientes de las FARC-EP en el proceso de reintegración y el hecho de que los líderes sociales y los defensores de los derechos humanos que habían sido sistemáticamente amenazados o asesinados desde la firma del Acuerdo persisten como retos importantes.

Muchas de las personas que participaron en los cuatro estudios que componen este volumen compartieron sus preocupaciones sobre los desafíos para la implementación del Acuerdo a nivel nacional. Sin embargo, la investigación también pintó un cuadro esperanzador: que los Algecireños tienen una visión para crear una paz sostenible como individuos, como comunidad y como país. El aumento de la participación de los jóvenes en los procesos políticos, los espacios de diálogo para reconstruir relaciones rotas y las inversiones en tecnologías y turismo, los servicios sociales, son algunos ejemplos de cómo se puede lograr esa tranquilidad y armonía.

El Proceso de Investigación

Cuatro estudiantes de maestría de la Universidad de Nueva York desarrollaron el tema general que vinculaba los cuatro estudios, pero sólo después de una consulta diaria con el Decano de Investigación de la ESAP y algunos profesores, incluido el profesor Nelson Rincón. Los estudiantes de la NYU también consultaron regularmente con el personal de investigación de la ESAP ubicado en Bogotá y sus alrededores durante el Seminario Conjunto de Investigación en Construcción de la Paz, un curso intensivo de investigación sobre la paz de tres semanas en el Centro de Asuntos Globales de la SPS de la NYU en junio de 2018. Algeciras fue elegido como lugar de investigación debido a sus intensas experiencias de violencia durante el conflicto, a su designación como uno de los 170 municipios que iban a recibir reparaciones económicas en forma de planes de desarrollo rural, y a las redes de confianza establecidas en la comunidad cultivada por Rincón y los miembros del equipo de investigación de RESURPAZ que él dirige; todos menos uno de los miembros del equipo son de Algeciras.

En enero de 2019, un equipo de investigación de la Universidad de Nueva York, integrado por los cuatro estudiantes de maestría, un profesor y un investigador, viajó a Neiva, la capital del Huila, donde sostuvieron una serie de reuniones con el gobierno Departamental y representantes de las víctimas para obtener una visión regional. Dos semanas de investigación conjunta en Algeciras, llevada a cabo por equipos de NYU y RESURPAZ. Cada uno de los cuatro equipos de investigación llevó a cabo grupos focales y entrevistas individuales. Algunas entrevistas se llevaron a cabo en zonas rurales o *veredas* accesibles sólo después de una caminata de dos horas o largos trayectos con baches fuera del municipio; otras entrevistas se llevaron a cabo en el centro de la ciudad. Los investigadores analizaron los hallazgos dentro de sus cuatro grupos, así como grupo más amplio, para asegurar una estructura contextual que se basó tanto en las perspectivas internas de los Algecireños como en la perspectiva externa de los investigadores de la Universidad de Nueva York.

Los estudios se llevaron a cabo inspirados en la investigación de acción participativa (IAP), que visualiza a los participantes de la investigación no como objetos de investigación, sino como coinvestigadores que proporcionan no sólo información sino dirección a la investigación basada en las prioridades y experiencias de la comunidad. Dadas las limitaciones de tiempo de la investigación de campo, no se implementó un proceso de IAP más completo; sin embargo, la intención era que tanto el enfoque como el proceso de esta investigación excedieran el estándar mínimo de *no hacer daño* para fortalecer las relaciones rotas y mejorar el sentido de dignidad de aquellos que compartían sus experiencias vividas, que son objetivos clave de la investigación sobre la paz (Stiefel, 2001).

Sin duda, la vida se ha transformado para el pueblo de Algeciras desde la firma del convenio, como lo demuestra, por ejemplo, el gran número y la gran vitalidad de la gente que suele pasearse por el centro de la ciudad de noche, e incluso la presencia de un grupo de investigadores internacionales. Sin embargo, como RESURPAZ documentó en su trabajo de memoria histórica, la paz en Algeciras es una "paz incierta" (2019). A partir de enero de 2019, sólo había un psicólogo ubicado permanentemente en el municipio. Si bien los excombatientes manifestaron su voluntad de participar en actos públicos de perdón, el Estado ha hecho poco para facilitar esas reparaciones. Las campañas de extorsión de los disidentes de las FARC persisten; siguen produciéndose homicidios en nombre de la limpieza social y el incumplimiento de las exigencias de extorsión. Incluso la presencia de nuevos grupos armados sugiere un futuro incierto (RESURPAZ, 2019). En medio de este contexto, las personas que compartieron sus reflexiones en cada uno de los cuatro estudios de este volumen expresaron su desconfianza en que el Estado cumpla con el Acuerdo o pueda satisfacer las necesidades de los colombianos.

A pesar de todos estos desafíos, las mujeres, los jóvenes y los excombatientes cuyas voces se reflejan en los capítulos siguientes también expresaron un fuerte compromiso con la paz y ofrecieron una comprensión multifacética de la paz como algo más que la ausencia de conflictos armados. Compartieron una hoja de ruta para las transformaciones individuales, culturales y estructurales necesarias para construir una paz sostenible. Algunos participantes enfatizaron una visión de paz positiva que tocaba los elementos estructurales -la necesidad de mejorar la educación y el desarrollo económico- mientras que otros tocaron los cambios relacionales y culturales que podrían ser catalizados por los programas de reconciliación y los actos de perdón. Otros subrayaron la necesidad de una paz interna que pudiera construirse o mejorarse mediante el apoyo psicosocial informal o el empoderamiento ofrecido por las asociaciones de víctimas.

Muchos de los participantes en las entrevistas y grupos focales que formaron la columna vertebral de esta investigación no tenían un conocimiento firme de las reparaciones específicas establecidas por el Acuerdo. Sin embargo, las ideas que expresaron para crear una paz sostenible se hicieron eco de muchas de las medidas contenidas en el Acuerdo de Paz. La falta de fe que muchas personas expresaron en el potencial del Acuerdo para ayudar a transformar a Colombia en un lugar mucho más pacífico, significó un desafío tanto para las relaciones públicas como un problema de implementación.

La firma del Acuerdo de Paz marcó el fin del conflicto armado entre el Estado y las FARC-EP, pero no significó el fin del conflicto en Colombia; en realidad, representó sólo un punto sumamente importante en el proceso de aumento de la paz en Colombia. La implementación del SVJRJNR y la provisión de reparaciones son muy prometedoras para la necesaria reparación y transformación del tejido social Colombiano. Los investigadores y editores que produjeron este volumen esperan que las percepciones sobre las reparaciones compartidas en los siguientes capítulos sirvan para recordar a los funcionarios gubernamentales, actores de la sociedad civil y proveedores de servicios que el camino hacia una Algeciras y una Colombia más pacíficas pasa directamente por las comunidades más afectadas por la violencia. Así, más de tres años después de la firma del Acuerdo, reflexionar sobre la mejor manera de responder a las necesidades de quienes más sufrieron podría ser uno de los pasos más importantes en el camino hacia la construcción de una Colombia más pacífica. En realidad, responder a esas necesidades podría ser el paso más importante de todos.

Referencias

Baddour, D. y Faiola, A. "A medida que el acuerdo de paz de Colombia se deshace, los ex líderes de las FARC toman las armas y anuncian el retorno al conflicto", The Washington Post, 29 de agosto de 2019. Consultado en: https://www.washingtonpost.com/world/the_americas/as-colombia-peace-accord-unravels-ex-farc-leaders-take-up-arms-to-resume-struggle/2019/08/29/e2a50bd6-ca5d-11e9-9615-8f1a32962e04_story.html.

BBC News, "Arrest warrant issued for Farc ex-rebel Jesús Santrich,' July 10, 2019. Consultado en: https://www.bbc.com/news/world-latin-america-48932019.

Matriz del Acuerdo de Paz de Caritas Internationalis y Kroc. (2019). *El proceso de paz en Colombia después de dos años: Una actualización del Programa de la Matriz de Acuerdos de Paz de la Universidad de Notre Dame en colaboración con Caritas Internationalis.* Escuela Keough de Asuntos Globales. Consultado en: https://kroc.nd.edu/assets/327728/190724_final_kroc_seminar_outcome_document.pdf.

Colombia Reports, "Jesús Santrich", Extraído de: https://colombiareports.com/jesus-santrich/.

The Economist, "La desaparición de Jesús Santrich amenaza el acuerdo de paz de Colombia", 6 de julio de 2019: Recuperado de: https://www.economist.com/the-americas/2019/07/06/the-disappearance-of-jesus-santrich-threatens-colombias-peace-deal.

Hayner, P. (2018) . *The Peacemaker's Paradox : Pursuing Justice in the Shadow of Conflict*, Routledge.

Instituto de Economía y Paz. (2019). *Informe de Paz Positiva: Analizando los Factores que Sustentan la Paz.* Obtenido de http://visionofhumanity.org/app/uploads/2019/10/PPR-2019-web.pdf.

Instituto de Economía y Paz. (2019). *Informe de Paz Positiva: Analizando los Factores que Sustentan la Paz.* Obtenido de http://visionofhumanity.org/app/uploads/2019/10/PPR-2019-web.pdf

Kroc Institute for International Peace Studies. (2019). *Implementación estatal del Acuerdo Final de Colombia Diciembre 2016 - Abril 2019:* Resumen *Ejecutivo*, Universidad de Notre Dame. Obtenido de https://kroc.nd.edu/assets/333274/ executive_summary_colombia_print_single_2_.pdf.

Lafuente, J. (2019, 4 de octubre). Colombia dice' No' al acuerdo de paz con las FARC [Colombia dice' No' al acuerdo de paz con las FARC]. *El País.* Obtenido de https://elpais.com/ internacional/2016/10/02/colombia/1475420001_242063.html.

Oficina del Alto Comisionado para la Paz. (ND) *ABC Medidas de reparación integral para la construcción de paz.* Extraído de altocomisionadoparalapaz.gov.co/Documents/informes-especiales/abc-del-proceso-de-paz/abc-medidas-reparacion-integral-para-construccion-paz.html.

Oficina del Alto Comisionado para la Paz. (ND) *ABC Sistema Integral de Verdad, Justicia, reparación y no Repetición.* Obtenido de http://www.altocomisionadoparalapaz.gov.co/ Documents/informes-especiales/abc-del-proceso-de-paz/abc-sistema-integral-verdad-justicia-reparacion-no-repeticion.html).

Región Sur Paz (RESURPAZ). (2019). *Elementos Centrales Que Permiten La Declaración De Víctima De Daño Colectivo Al Municipio De Algeciras Huila [Central Elements that Allow for Declaration of the Municipality of Algeciras Huila as a Victim of Collective Harm].* (NP).

Segura, R. & Mechoulan, D. (2017) Made *in Havana: How Colombia and the FARCDecided to End the War.* Instituto Internacional de la Paz. Obtenido de https://www.ipinst.org/wp-content/uploads/2017/02/IPI-Rpt-Made-in-Havana.pdf.

Stiefel, M. (2001). La investigación participativa como herramienta para la construcción de la paz: La experiencia WSP. En L. Reychler, & T. Paffenholz (Eds.), Peacebuilding : A field guide (pp. 265-276). Boulder, Colo.: Lynne Rienner Publishers en asociación con la Field Diplomacy Initiative.

Unidad de Víctimas. (2019, 1 de octubre). *Informe General [Informe General].* Gobierno de Colombia. Obtenido de https:// cifras.unidadvictimas.gov.co/Home/General.

The entire country of Colombia, and its population of approximately 50 million, suffered greatly during more than five decades of internal armed conflict. But the 25,000 people who live in Algeciras, a mountain town where the anti-government insurgency had some of it deepest roots, can be said to have suffered more than most.

Algeciras experienced some of the highest rates of violence in all of Colombia. It became a place of immense importance during the violent bi-partisan conflict of the 1950s, with liberals (mostly peasants and farmers) on one side and conservatives (represented by the military, the church and other elites) on the other side. Algeciras, primarily occupied by liberal peasants, became a destination for other liberals fleeing conservative persecution; some went on to create liberal peasant self-defense groups. The *Fuerzas Revolucionarias de Colombia—Ejército del Pueblo* (FARC-EP) eventually built upon that existing structure, incorporated a communist orientation, and assembled the largest guerrilla group in Latin America. (RESUPRPAZ, 2019, p. 8). The fault lines that emerged during the bi-partisan conflict that left the FARC-EP on one side and the State on the other, would rage for decades, with the people of Algeciras caught between two powerful adversaries at the frontline of the armed conflict.

Beyond its symbolism as the birthplace of the FARC-EP, Algeciras served as a strategic location for the group. The high mountains surrounding the municipality offered combatants protection for living, training, resting and cover for moving people and illicit goods through established corridors that ran from the south to the north to key cities such as Bogota. Algeciras' fertile lands and abundant water additionally ensured that the FARC-EP combatants could sustain themselves (RESUPAZ, 2019).[1]

Algeciras remained largely under the control of the FARC-EP from the group's inception in 1964 until 2018, and was the site of many armed clashes between the FARC-EP and military that affected not only armed actors, but civilians as well. The people of Algeciras experienced high rates of victimization by all sides during the many phases of the armed conflict beginning with the first military confrontations between the State and the FARC-EP in the late 1960s. In 1968, Algeciras was designated as part of the the *zona roja* (red zone) due to increasingly deadly confrontations. By the 1980s, the State all but abandoned the municipality, creating an opening for the FARC-EP to assume state-like functions and to begin exercising a level of authority traditionally reserved only for the State. Without any accountability, the FARC-EP carried out extortion, forced displacement, kidnappings and killings.

Eventually, President Andrés Pastrana Arango created clearance zones from 1998-2002 as part of his efforts to establish a peace process. But once he removed all military presence from the areas surrounding Algeciras, rates of violence committed by the FARC-EP shot even higher, further increasing the guerrilla group's economic social and cultural control of the region. President Álvaro Uribe Velez followed Pastrana's failures by establishing what his government called *Plan Patriota* (Plan Colombia), which took a hardline militarized response to the insurgency. The main results were massive displacement of civilians and even higher levels of violence committed by both sides, including a significant increase in the targeting and capture of civilians imputed to be members of the FARC-EP (RESUPRAZ, 2019).

Against this backdrop, Algeciras became the most heavily landmined place in all of Colombia; it had the sixth highest selective homicide rate in the country (1,540 in total); 15,000 of its residents were displaced during the armed conlflict; to this day, the people of Algeciras are deeply impacted the psycho-social effects of the armed conflict and continue to face social and economic

---

1   See map on page v.

marginalization due to widespread stigmatization of Algecirans as guerrilla-sympathisers (RESUPRAZ, 2019).

But the intensely violent experience of Algeciras does not tell the town's entire story. More than two years after the Colombian government and the FARC-EP signed their historic Peace Agreement, residents of Algeciras were seeking new ways toward a peaceful future through mechanisms established by the Peace Agreement and despite it. One way Algecirans — like many other Colombians who suffered — are attempting to move forward is by telling their stories and articulating their individual and collective visions of peace.[2]

The studies in this collection seek to give voice to some of those visions, albeit through the localized and narrow lens of one particular official peacebuilding approach. The reparations system, a key set of survivor-centered mechanisms for building peace was a central element of the Peace Agreement signed in November 2016 between the Colombian government the FARC-EP.[3] In January 2019 -- a little over two years after the signing of the Agreement -- the people of Algeciras, including the book's co-researchers, opened their community with warmth and generosity to master's students and faculty from the Center for Global Affairs at New York University's School of Professional Studies (NYU SPS). The NYU students collaborated with members of the *Escuela Superior de Administración Pública's* (ESAP) research group RESURPAZ on four peace research projects. Together, they aimed to document conceptions of peace and perceptions of the implementation of the Peace Agremement's reparations measures among youth, women survivors of violence committed by the FARC-EP and the State, and former FARC-EP combatants living in Algeciras. These four groups represent some of the key peacebuilding actors in Algeciras, which is located in Huila, a department in the south of Colombia.

The people who participated in this study were asked to reflect on

---

2　There are approximately 8.5 million registered victims in Colombia, meaning that more than one in every six people is a victim (Victims Unit, 2019).

3　The FARC-EP is used when describing the armed guerrilla group before it laid down its arms. FARC, (Fuerza Alternativa Revolucionaria del Común [Common Alternative Revolutionary Force]), is used to describe the political party that the FARC-EP created post-Peace Agreement.

the Agreement's effect on peace in Algeciras. They did so against the backdrop of 55 years of armed conflict in Colombia that had claimed 270,000 lives due to homicide, resulted in displacement of 7.5 million people and the kidnapping of approximately 33,000. Women, indigenous people and Afro-Colombians were disproportionately affected not only by this direct violence, but also by high levels of inequality and lack of rural development -- both a driver and result of the conflict (Victims Unit, 2019).

This context is crucial to understanding the studies' findings, but the research contained in this volume does not seek to further reinforce the history of structural, cultural and direct violence in Algeciras. Much of the historical memory of Algeciras has already been meticulously constructed by RESURZPAZ researchers, many of whom served co-researchers on this project. Instead, this research aims to increase understanding of how the reparation mechanisms laid forth in the Peace Agreement might help in the transformation of Colombia's rural territories from places associated mainly with their recent history of violence to places known for their efforts to build and strengthen a sustainable peace.

The Agreement

The Peace Agreement was announced on August 24, 2016, following two years of secret negotiations between FARC-EP leaders and then-President Juan Manuel Santos' government and four years of public negotiations between the two actors, with various mechanisms for input by survivors, women, lesbian, gay, bisexual and transgender (LGBT) advocates, experts on sexual-based violence, representatives from indigenous and Afro-Colombian communities and with support from international actors such as the United Nations and Norway. Participation was further opened to civil society and Colombian citizens through local and national consultations and online forums (IPI, 2017).

The process was hailed by many international observers as highly participatory, particularly in terms of its gender inclusivity.

However, the absence of true feedback loops and engagement with Colombians across the political spectrum throughout the writing of the Agreement set the stage for a politicized and polarizing battle when the nearly 300-page Agreement was put forth in a referendum in early October 2016 (IPI, 2017). Nearly 60 percent of eligible voters abstained from voting, and of those who did vote, 50.2 percent opposed the Peace Agreement while 49.7 percent approved of it (El Pais, 2016). The yes vote narrowly won in Algeciras with 54.48 percent voting in favor of the Agreement. It was one of only two municipalities in the department of Huila to vote in favor of the Agreement. (RESURPAZ, 2019). Despite this apparent setback, the government signed a modified version of the Agreement on November 24, 2016. Both houses in the congress ratified the Agreement shortly thereafter, putting an end to the longest armed conflict in the western hemisphere.

The Peace Agreement not only established a framework for the cessation of the armed conflict (negative peace), but also laid out a path towards positive peace, "an optimal environment in which human potential can flourish" (IEP, 10). The Agreement included processes and programs aimed at achieving the economic and social transformation of rural Colombia and political participation by former FARC-EP combatants. It also offered solutions to the thorny problems posed by the widespread cultivation of illicit crops. The Agreement additionally laid out the framework for implementation of the survivor-centered *Sistema Integral de Verdad, Justicia, Reparación, y no Repetición* (Comprehensive System of Truth, Justice, Reparation and Non-Repetition [SIVJRNR per its Spanish acronym]). The transitional justice system built upon Law 1448, commonly known as the "*ley de victimas*" (victims' law), which had established a set of judicial and nonjudicial measures to: address the grievances of individual and collective survivors; document and ensure accountability for what happened during the armed conflict; offer legal security guarantees to those who legitimately participate in the established system, and; ensure coexistence, reconciliation and non-repetition (Office of the High Commissioner for Peace, ND a).

The SIVJRNR established the Special Jurisdiction for Peace court (JEP per its Spanish Acronym), the Special Unit for the Search of Missing Persons who disappeared within the context of the armed internal conflict, and the Commission for the Clarification of Truth, Coexistence and Non-Repetition, commonly known as the Truth Commission. SIVJRNR also established paths for individual and collective reparations, characterized as "financial and in-kind compensation, symbolic redress, and commitments for better relations" (Firchow and Mac Ginty, 2013, p. 234). The Agreement called for seven categories of reparations to be carried out by the State, the FARC, and other actors that contributed directly to the violent conflict, such as members of paramilitary groups. The types of reparations included: public and formal acts of recognition of collective responsibility; concrete actions to contribute to reparations through, for example, deminining or rebuilding of infrastructure destroyed in the armed conflict; collective reparations to ensure comprehensive rural reform through programs such as the *Planes de Desarrollo Rural con Enfoque Territorial* (Rural development plans with territorial focus) and national reparations that recognize collective harm to particular groups;[4] psycho-social rehabilitation to ensure peaceful coexistence and prevent a return to armed conflict; facilitated collective return of both internally displaced Colombians and Colombian refugees; land restitution; and increased and strengthened participatory mechanisms and policy that benefits survivors, including stipulations for former combatants to directly contribute to reparations to those they harmed. (Office of the High Commissioner for Peace, ND b).

The SIVJRNR — and the peace process and agreement more broadly -- attempted to achieve a delicate balance between measures aimed at preventing further violent conflict and measures that offered justice for survivors of past violence. Moreover, the SIVJRNR aimed to implement structural reforms to address the root causes of the armed conflict through an

> [i]nterconnected model that would, in a sense, balance perpetrators' contributions to peace and to victims' rights with some measure of benefits for those perpetrators, including reduced or alternative penal sanctions. The

---

4   RESURPAZ's historical memory research was conducted in efforts to support the application for Alegciras to be declared a victim of collective harm. The process was ongoing in November 2019.

requirements could include providing the truth about past crimes, contributing to peace-building or victim reparations, helping to dismantle criminal networks, locating human remains or buried land mines, or a range of other measures. (Hayner, 2018, p. 18)

Non-retributive means for administering survivor-centered justice has been a source of polarizing tension in Colombia. On the one hand, some view the non-penal mechanisms rooted in principles of restorative justice as fundamental to ensuring the end of the armed conflict, preventing further violence, and meeting the needs of survivors in a holistic manner. Others view the SVJRNR as too lenient or, worse, as possibly incentivizing other armed groups such as the *Ejercito de Liberación Nacional* (National Liberation Army [ELN, per its Spanish acronym]) to use violence as a mechanism to move toward another peace agreement characterized by similar alternative and seemingly less harsh punishments.

Hayner (2018) expresses a sentiment frequently heard from many outside actors ranging from UN officials to academics working with Colombians on the peace process, that Colombia is the great hope of the international community to get a peace process right. The SIVJRNR peacebuilding mechanisms have been lauded as revolutionary because of their intent not only to address past harms, but also to address the underlying roots of the conflict and create "virtuous cycles of reconciliation" (Kroc, 2019a, p. 3).

Yet major tensions persist between those in favor of the Agreement and those who are opposed to it -- leading to a lack of clarity about what constitutes justice and the conditions for peace. The case of Jesus Santrich, a former FARC-EP commander who served as a negotiator at the peace talks in Havana and then was elected to Colombia's congress in 2019, serves to highlight how polarizing the path to peace may be. Santrich was arrested in 2018 following an indictment by a United States court on charges of conspiring to smuggle cocaine into the U.S., but in May 2019 his release was ordered by the Special Jurisdiction for Peace court (The Economist; Colombia Reports). He then disappeared from a special reintegration zone in late June, leading to a new arrest warrant issued by Colombia's supreme court (BBC News, July

10, 2019). Santrich later reappeared in August as part of a group of former FARC commanders who said they were abandoning the peace deal and returning to armed struggle because the government of President Ivan Duque Marquez had not held up its end of the Agreement by adequately protecting former FARC members who were attempting to make the transition from armed conflict to peace. More than 150 former FARC fighters -- as well as more than 500 social leaders -- had been killed in the previous two years. "The state has not fulfilled its most important obligations, which [are] to guarantee the life of its citizens and especially avoid assassinations for political reasons," said Ivan Marquez, another former FARC commander who joined Santrich in a video announcement of their decision to resume hostilities against the government (Baddour and Faiola).

Santrich stands as an example of how the Agreement was supposed to work, and in some glaring ways, has not. The special court was established to consider crimes committed during the war, but its jurisdiction -- as in the case of Santrich -- has at times been challenged by other Colombian institutions. FARC-EP members who confessed the totality of their crimes were supposed to receive shorter jail sentences than they would in the traditional legal system; then, the needs of direct survivors were supposed to be addressed through administration of the SVRJRNR. This system opens the possibility for survivors to learn what happened to their loved ones, or to be asked for forgiveness by those who harmed them or their families. However, many believe this system allows perpetrators of violence -- such as Santrich -- to move forward with impunity.

Tensions and doubts have emerged from many stakeholders about whether the government would comply with its agreements regarding the special court and implementation of reparation measures or whether former FARC-EP combatants would remain committed to reintegration and unarmed paths towards change. The continued killings of FARC members from 2017 to 2019, culminating with the announcement by Santrich, Marquez and others that they had returned to armed conflict stood as confirmation that the system had not fulfilled its objectives.

This setback for the peace process did not come as a surprise and, indeed, was foreshadowed in chapter four of this volume, which amplifies the voices and serious concerns of ex-combatants about reparations and other reintegration measures. Others affected by the armed conflict also indicated throughout this volume a fear that violence would reemerge if the promised reparations were not implemented by the state.

Many Colombian citizens' expressed concerns regarding the lack of progress on implementation of the Agreement seem to be justified. An April 2019 report tracking implementation of the Peace Agreement indicated that while 70 percent of the Agreement was being implemented, the majority of those measures were only being implemented at minimal levels. Furthermore, implementation slowed since President Ivan Duque Marquez' administration came into power in August 2018 (Kroc); some attributed this slowdown to the natural growing pains of a new administration staffing its departments and establishing its protocols, while others attributed the slow pace to a deliberate process to stall, or worse, renege on the Agreement. Duque's government incorporated some of the Agreement's measures into new frameworks that shift from the paradigm of "territorial peace" to "'peace with legality' which focuses on consolidating the rule of law" (Caritas & Kroc, 2019, p. 8). As of the report's publication, just 23 percent of total stipulations had been "fully implemented," while 13 percent were "on track to be fully implemented within the timeframe stipulated by the Agreement;" the report noted "completion of these commitments is not yet assured." (Kroc, 2019a, p. 2). Lack of security protections for former FARC-EP combatants in the process of reintegration and the targeting of social leaders and rights defenders who had been systematically threatened or killed since the signing of the Agreement persisted as major challenges.

Many of the people who participated in the four studies that compose this volume shared their concerns regarding the challenges to implementation of the Agreement at the national level. Yet the research also painted a hopeful picture -- that Algecirans have a vision for creating sustainable peace as individuals, as a community and as a country. Increased youth participation in political processes, spaces for dialogue to rebuild broken relationships, and investments in technologies and tourism, social services were offered as some examples of how that tranquility and harmony could be achieved.

The Research Process

Four NYU masters students developed the overall topic that tied together the four studies, but only after daily consultation with ESAP's Dean of Research and other ESAP faculty, including Professor Nelson Rincon. The NYU students also consulted regularly with ESAP research staff located in Bogota and the territories during the Joint Research Seminar in Peacebuilding, a three-week intensive peace research course at the NYU SPS Center for Global Affairs in June 2018. Algeciras was chosen as the research site due to its intense experiences of violence during the conflict, because of its designation as one of 170 municipalities that were to receive economic reparations in the form of rural-focused development plans, and because of established networks of trust in the community cultivated by Rincon and the members of the RESURPAZ research team he leads; all but one member of the team is from Algeciras.

In January 2019, an NYU research team -- consisting of the four master's students, one professor and a researcher -- traveled to Neiva, the capital of Huila, where they had a series of meetings with the departmental government and victims representatives to obtain a regional view. Two weeks of joint-field research followed in Algeciras; it was carried out by NYU and RESURPAZ teams. Each of the four research teams conducted focus groups and individual interviews. Some interviews were conducted in rural villages or *veredas* reachable only after a two-hour hike or long bumpy drives outside of the municipality; other interviews were conducted in the town center. The researchers analyzed findings within their four groups as well as among the wider group to ensure contextual grounding that drew on both the insider perspectives of the Algecirans and the outsider lens of the NYU researchers.

The studies were carried out in a manner inspired by participatory action research (PAR), which envisions research participants not as objects of investigation, but as co-researchers who provide not only information but direction to the research based on community priorities and experiences. Given the time constraints of the field research, a more complete PAR process was not implemented; yet the intention was that both the focus and process of this research exceeded the minimum standard of *do no harm* to strengthen broken relationships and enhance the sense of dignity of those who shared their lived experiences, which are key objectives of peace research (Stiefel, 2001).

Life undoubtedly has transformed for the people of Algeciras since the signing of the Agreement, as evidenced, for example, by the large number and great vibrancy of the people typically walking about in the town center after dark -- and even by the presence of a group of international researchers. Yet, as RESURPAZ documented in its historical memory work, the peace in Algeciras is an "uncertain peace" (2019). As of January 2019, there was only one psychologist permanently located in the municipality. While ex-combatants signaled willingness to partake in public acts of forgiveness, little has been done by the State to facilitate such reparations. Extortion campaigns by FARC dissidents persist; homicides in the name of social cleansing and noncompliance with extortion demands continue to occur. Even the presence of new armed groups suggests an unclear future (RESURPAZ, 2019). In the midst of this context, the people who shared their thoughts in each of this volume's four studies expressed distrust that the State would comply with the Agreement or could meet the needs of Colombians.

Despite all these challenges, the women, young people, and former combatants whose voices are reflected in the following chapters also expressed a strong commitment to peace and offered a multifaceted understanding of peace as more than just the absence of armed conflict. They shared a roadmap for the individual, cultural, and structural transformations required to build a sustainable peace. Some participants emphasized a vision of positive peace that touched on structural elements — a need for improved education and economic development— while others touched on relational and cultural shifts that could be catalyzed by reconciliation programs and acts of forgiveness. Still others stressed the need for internal peace that could be constructed or enhanced through the informal psycho-social support or empowerment offered by victims' associations.

Many of the participants in the interviews and focus groups that formed the backbone of this research did not have a firm knowledge of what specific reparations were established by the Agreement. Still, the ideas they expressed for creating a sustainable peace echoed many of the measures contained in the Peace Agreement. The lack of faith that many people expressed in the Agreement's potential to help transform Colombia into a much more peaceful place thus signalled a public relations challenge as much as it did as an implementation problem.

The signing of the Peace Agreement marked the end of the armed conflict between the State and the FARC-EP, but did not signify the end of conflict in Colombia; actually it represented just one supremely important point in the process of increasing peacefulness in Colombia. The implementation of the SVJRJNR and provision of reparations hold great promise for the needed repair and transformation of Colombia's social fabric. The researchers and editors who produced this volume hope that the perceptions regarding reparations shared in the following chapters serve as a reminder to government officials, civil society actors and service providers that the road to a more peaceful Algeciras and Colombia runs directly through the communities most affected by violence. Thus, more than three years after signing of the Agreement, reflecting on how best to respond to the needs of those who suffered most could be one of the most important steps along the path to building a more peaceful Colombia. Actually responding to those needs could be the most important step of all.

References

Baddour, D. and Faiola, A. "As Colombia peace accord unravels, ex-FARC leaders take up arms, announce return to conflict," The Washington Post, August 29, 2019. Retrieved from: https://www.washingtonpost.com/world/the_americas/as-colombia-peace-accord-unravels-ex-farc-leaders-take-up-arms-to-resume-struggle/2019/08/29/e2a50bd6-ca5d-11e9-9615-8f1a32962e04_story.html

BBC News, "Arrest warrant issued for Farc ex-rebel Jesús Santrich,' July 10, 2019. Retrieved from: https://www.bbc.com/news/world-latin-america-48932019

Caritas Internationalis & Kroc Peace Accord Matrix. (2019). *The Colombian Peace Process after Two Years: An Update from the University of Notre Dame's Peace Accord Matrix Program in Collaboration with Caritas Internationalis.* Keough School of Global Affairs. Retrieved from: https://kroc.nd.edu/assets/327728/190724_final_kroc_seminar_outcome_document.pdf

Colombia Reports, "Jesus Santrich," Retrieved from: https://colombiareports.com/jesus-santrich/

The Economist, "The disappearance of Jesús Santrich threatens Colombia's peace deal," July 6, 2019: Retrieved from:

https://www.economist.com/the-americas/2019/07/06/the-disappearance-of-jesus-santrich-threatens-colombias-peace-deal

Hayner, P. (2018) .*The Peacemaker's Paradox : Pursuing Justice in the Shadow of Conflict*, Routledge.

Institute for Economics and Peace. (2019). *Positive Peace Report: Analyzing the Factors that Sustain Peace.* Retrieved from http://visionofhumanity.org/app/uploads/2019/10/PPR-2019-web.pdf

Kroc Institute for International Peace Studies. (2019). *State Implementation of the Colombian Final Accord December 2016 - April 2019: Executive Summary,* University of Notre Dame. Retrieved from https://kroc.nd.edu/assets/333274/executive_summary_colombia_print_single_2_.pdf

Lafuente, J. (2019, October 4). Colombia dice 'no' al acuerdo de paz con las FARC [Colombia says 'no' to the peace accord with the FARC]. *El Pais*. Retrieved from https://elpais.com/internacional/2016/10/02/colombia/1475420001_242063.html

Oficina del Alto Comisionado para la Paz [Office of the High Commissioner for Peace]. (ND) *ABC Medidas de reparación integral para la construcción de paz [ABC Measures of Comprehensive Reparations for Peacebuilding]*. Retrieved from altocomisionadoparalapaz.gov.co/Documents/informes-especiales/abc-del-proceso-de-paz/abc-medidas-reparacion-integral-para-construccion-paz.html

Oficina del Alto Comisionado para la Paz [Office of the High Commissioner for Peace]. (ND) *ABC Sistema Integral de Verdad, Justicia, reparación y no Repetición [ABC Comprehensive System of truth, justice, reparation and non-repetition]*. Retrieved from http://www.altocomisionadoparalapaz.gov.co/Documents/informes-especiales/abc-del-proceso-de-paz/abc-sistema-integral-verdad-justicia-reparacion-no-repeticion.html)

Región Sur Paz (RESURPAZ). (2019). *Elementos Centrales Que Permiten La Declaración De Víctima De Daño Colectivo Al Municipio De Algeciras Huila [Central Elements that Allow for Declaration of the Municipality of Algeciras Huila as a Victim of Collective Harm]*. (NP).

Segura, R. & Mechoulan, D. (2017) *Made in Havana: How Colombia and the FARC Decided to End the War*. International Peace Institute. Retrived from https://www.ipinst.org/wp-content/uploads/2017/02/IPI-Rpt-Made-in-Havana.pdf

Stiefel, M. (2001). Participatory action research as a tool for peacebuilding: The WSP experience. In L. Reychler, & T. Paffenholz (Eds.), Peacebuilding : A field guide (pp. 265-276). Boulder, Colo.: Lynne Rienner Publishers in association with the Field Diplomacy Initiative.

Unidad de Victimas [Victim's Unit]. (2019, October 1). *Reporte General [General Report]*. Government of Colombia. Retrieved from https://cifras.unidadvictimas.gov.co/Home/General

1

Paz
y Reparaciones:
Perspectivas
de los Jóvenes

Peace
and Reparations:
Perspectives
of Youth

Alejandro García
Karen Sofía Medina Herrera
Laura Daniela Moreno Mosquera
Andréi Garzón Rodríguez
John Alexander Sánchez Sáenz

Resumen

El propósito de este estudio es analizar las percepciones de la juventud rural de Algeciras, Colombia sobre los mecanismos de reparación en el proceso de paz como contribución a una sociedad más pacífica.

Las conclusiones clave incluyen:

1) *Los jóvenes no son ajenos al conflicto, como muchos observadores afirman. Ellos están completamente conscientes de lo que pasó y sus consecuencias. Además, están buscando maneras de ayudar en el proceso de paz.*

2) *Todos los jóvenes consultados consideran necesarias las reparaciones establecidas en el proceso de paz; sin embargo, ellos no solamente ven la paz como el cese de hostilidades, sino también en el incremento de la educación, trabajo y oportunidades sociales y culturales para la comunidad.*

3) *Los jóvenes han experimentado la estigmatización por personas externas a su comunidad, que los han catalogado como parte o auxiliadores de la guerrilla.*

4) *Por último, los jóvenes tienen un sentimiento de incertidumbre sobre el éxito futuro del acuerdo de paz dada la falta de implementación de las reparaciones. Ellos tienen una perspectiva negativa sobre las posibilidades para la paz en Colombia, si el gobierno no cumple con muchas de ellas, el conflicto armado podría regresar de una forma peor.*

Introducción

"Los jóvenes no conocen el conflicto; a ellos no los afecto tanto como a nosotros" es una frase muy común dicha por adultos mayores cuando describen las experiencias de la gente joven durante el conflicto armado en Colombia. Esta afirmación no solo es dicha en Colombia, sino en muchos casos alrededor del mundo. De este modo la juventud esta marginada de la toma de decisiones en la construcción de paz, así como de los esfuerzos de reconstrucción y transformación de las comunidades después del conflicto. Sin embargo, reconocer las voces y utilizar los activos de los jóvenes es imperativo para una construcción de paz exitosa y sostenible. Es por eso que la Universidad de Nueva York (NYU) y la Escuela Superior de Administración Pública (ESAP) se embarcaron en una oportunidad de investigación de una año para investigar las percepciones de los jóvenes sobre el proceso de paz después de la firma del acuerdo entre el gobierno de Colombia y las Fuerzas Armadas Revolucionarias de Colombia – Ejército del Pueblo (FARC-EP), el grupo guerrillero más grande en el país.

El propósito de este estudio es examinar en qué medida los mecanismos de reparación han tomado en cuenta las expectativas de los jóvenes, recopilando las opiniones de los jóvenes rurales en Algeciras. Más importante aún, este estudio explora si los sistemas de reparaciones han contribuido positivamente a lo que los jóvenes consideran el surgimiento de una comunidad más pacífica y que factores contribuyen a esta percepción. Las preguntas generales de la investigación para el proyecto fueron: ¿Cuál es la percepción actual de los jóvenes sobre la eficacia del sistema de reparación establecido por el acuerdo de paz en términos de contribución al incremento de la paz en Algeciras? Y ¿cuáles son algunos de los factores que afectan esta percepción?

El equipo e investigación de uno de los estudiantes de maestría de la universidad de Nueva york (Alejandro García) y cuatro investigadores de la ESAP en Algeciras (Karen Sofía Medina Herrera, Laura Daniela Moreno Mosquera, Andréi Garzón Rodríguez, y John Alexander Sánchez Sáenz). Llevaron a cabo 21 entre vistas y un grupo de debate por un periodo de dos semanas en Enero de 2019 en Algeciras. El siguiente capítulo resalta el proceso de investigación y sus hallazgos. Este informe está organizado en seis secciones: La explicación del contexto de la juventud en Algeciras y Colombia durante el conflicto armado; el marco conceptual que explica parte de la literatura relevante sobre juventud y construcción de paz; metodología del estudio; finalizando con la presentación de los datos recolectados y el análisis de estos.

Contexto

Por más de 50 años, Algeciras ha estado en el centro del conflicto entre el gobierno colombiano y las FARC-EP (RESURPAZ, 2018). La población de Algeciras ha experimentado terribles eventos , que incluyen :los asesinatos de cientos de civiles; el desplazamiento de miles de personas ; *vacunas* (extorsión); secuestros ; *falsos positivos* (asesinato de civiles a manos del gobierno y fuerzas paramilitares, los cuales fueron encubiertos como miembros de la Guerrilla);estigmatización; reclutamiento de menores; uso de minas y municiones en racimo; destrucción de la infraestructura; interferencia con el desarrollo económico, entre otros. (RESURPAZ, 2018). La juventud en Algeciras no es ajena a estos actos. Basados en investigaciones de nuestro equipo, muchos jóvenes todavía recuerdan realidades como: los toques de queda, no poder hablar libre y abiertamente con todo el mundo; resguardarse cuando se iba la electricidad porque a menudo se alertaba por un inminente bombardeo; no poder comentar con nadie sobre la decisión de unirse al ejército o convertirse en Policía. Estas experiencias también afectaron otros lugares de Colombia donde estaba presente el conflicto.

De acuerdo con los resultados preliminares del censo nacional de 2018 en Colombia, 17.2 por ciento de la población está entre las edades de 20-29 años (Departamento Administrativo Nacional de Estadística [DANE], 2018). Por su parte de los 8,405,614 de personas registradas como víctimas del conflictos en el *Registro Único de Victimas*, 1,780,079 están en edades entre los 18 a 28 años ; lo que representa el 21 por ciento del total de las victimas (Red Nacional de Información [RNI], 2019). Además, la mayoría de las personas pertenecientes a la guerrilla, los paramilitares, y el ejército eran jóvenes. La oficina del fiscal general de Colombia estima que alrededor de 5,000 menores fueron reclutados por las FARC-EP (Alsema, 2018).los jóvenes vieron unirse a grupos armados como una oportunidad para escapar de la pobreza. La juventud indudablemente ha sido una parte significativa de las consecuencias del conflicto armado colombiano.

De hecho, el gobierno colombiano reconoció la importancia de la juventud adoptando la Ley 1662 de 2013. La ley consagra los derechos de los jóvenes -- definidos como las personas entre los 14 y 28 años -- a participar en cualquier proceso en Colombia, y declara que las políticas del Estado deben tener en cuenta las voces y opiniones de la juventud. Más importante aún, la ley 1622 describe la juventud Colombiana Como *"la generación de Paz"*, apartándose exitosamente de describirlos como perpetradores o víctimas del conflicto (2013). El gobierno también creó *Colombia Joven (*Young Colombia), como una subdivisión del Departamento Administrativo de la presidencia de la República , para asistir a los gobiernos nacional y departamentales en la incorporación de una perspectiva de juventud en todas las leyes y regulaciones (Colombia Joven, 2018). Con todas esas garantías institucionales para la juventud en orden, por consiguiente, el acuerdo de paz tiene que reflexionar sobre los intereses de la juventud colombiana.

Durante la fase de negociaciones del acuerdo de paz, el gobierno estableció diferentes formas para que los ciudadanos , la sociedad civil y las partes interesadas pudieran expresar sus preocupaciones, preguntas and perspectivas sobre el proceso de paz; estas incluyeron foros públicos , un sitio web para subir inquietudes, y *mesas locales de conversación*, o encuentros de dialogo. Jóvenes representantes participaron en algunas de las charlas, por ejemplo asistiendo al segundo foro de Participación Política en Bogotá en 2013 (Oficina del Alto Comisionado Para la Paz, 2013). Sin embargo, muchos jóvenes se sintieron sin representación durante este acontecimiento histórico. Denunciando que ellos no fueron incluidos en el proceso de toma de decisiones (UN Voluntarios, 2016).

No obstante, el acuerdo de paz considera a la juventud como una parte importante del proceso de paz. El documento hace referencia a los derechos de la niñez y la juventud en su preámbulo. En contexto del acuerdo de paz contribuyendo a satisfacer sus derechos. (Oficina del Alto Comisionado Para la Paz, 2016). Entonces, el acuerdo se enfoca ampliamente en la juventud en el punto 4, las penas para solucionar las drogas ilícitas, Este punto indica que cualquier solución presentada debe ser tomada en consideración, las distintas necesidades y demandas de los jóvenes dirigidos desde un enfoque de prevención. En el Punto 5 Del acuerdo, la sección más importante está dedicada a la reparación de las víctimas del conflicto, el texto le da a la Comisión de la Verdad la responsabilidad de aclarar el impacto que el conflicto tuvo en los niños y adolescentes. Del mismo modo, con la creación de la Jurisdicción *Especial para la Paz,* un Nuevo mecanismo judicial para hacer la reparación a las víctimas del conflicto, garantiza que las violaciones cometidas en contra de niños y adolescentes acarrean unas penas mayores a aquellas cometidas contra los adultos. Por último y más importante, una sección con medidas adicionales para garantizar la implementación de los acuerdos de paz, esta establece que la implementación de los cinco puntos debe garantizar el interés y los derechos de los niños y adolescentes *sobre cualquier otros derechos*. El acuerdo de paz claramente otorga responsabilidad a todas las partes para actuar por los intereses de la juventud.

Marco conceptual

Gran parte de la literatura existente enfatiza en la necesidad de incluir y asegurar de forma activa la participación de los jóvenes en la construcción de paz. El cambio que se produjo en las naciones unidas en 2015 con la adopción de la resolución 2250 por el concejo de seguridad de la ONU, en la que se reconocía por primera vez la importancia de incluir a los jóvenes en los procesos de seguridad y la construcción de paz, creando un importante marco para la participación e inclusión d la juventud. La resolución insto a los estados miembros a incluir las voces de los jóvenes en la prevención y resolución del conflicto armado así como en la negociación e implementación de los acuerdos (UN Press, 2015).a partir de ahí la comunidad internacional ha adoptado todo un marco sobre juventud y paz, como: el Grupo de Trabajo sobre Juventud y Consolidación de la Paz, la oficina de apoyo a la consolidación de paz, la iniciativa de la juventud para la construcción de paz, el programa de las naciones unidas para la juventud, el programa global para el desarrollo sostenible y la paz y la más reciente estrategia presentada por el secretario general de las Naciones Unidas Antonio Guterres, *juventud 2030*, con la meta de levantar las voces de gente joven alrededor del mundo y reconocer su valor inherente. Con la adopción y creación de estas oficinas y estructuras se destaca la importancia de un proyecto como este que enfatiza en la importancia de incluir a los jóvenes de las zonas rurales de Colombia en el proceso de paz.

Por otra parte, la Resolución 2250 demanda un estudio independiente para la juventud, Paz, y seguridad. El estudio terminado en 2018, ha servido como columna vertebral en temas de inclusión de la juventud, paz y seguridad. Este contiene cuatro puntos importantes de la relación entre paz y juventud: derribando estereotipos y mitos políticos sobre juventud; los jóvenes como creadores de nuevas oportunidades para la participación de sus comunidades; seis áreas centrales donde ocurre exclusión y marginalización en contra de los jóvenes, aprovechar plenamente a los jóvenes como constructores de paz significaría un cambio social en el pensamiento. Como se expresó en el reporte "construir y mantener la paz a través del potencial transformativo de los jóvenes exige un cambio sistémico y una reorientación audaz de los gobiernos y del sistema multilateral" (jóvenes para la paz, 2018, p. xiii).

En el primer Punto, los jóvenes con mucha frecuencia son tratados como impulsores de la violencia y el extremismo, cuando de hecho no se ven involucrados en actos de violencia. Sin embargo, debido a este malentendido, a menudo son excluidos de varios procesos en sus países. En el segundo punto, el estudio encontró que los jóvenes están respondiendo a la falta de oportunidades para ellos, creando activamente nuevas oportunidades para interactuar con sus comunidades. Por ejemplo, la creación de organizaciones dirigidas por jóvenes que se ocupan activamente de los conflictos, la paz y la seguridad. En el tercer punto, la juventud demanda inclusión política y económica, más acceso a oportunidades de educación, igualdad de género, en procesos de paz, entornos seguros y propicios, protegidos de la injusticia y más oportunidades para contribuir en la desmovilización y el proceso de reintegración de sus semejantes. En el cuarto punto, el estudio, recomiendan invertir en las capacidades de los jóvenes, transformando los sistemas actuales que limitan la participación de los jóvenes y priorizando la acción colaborativa en la que los jóvenes se están viendo como "socios esenciales para la paz" (Jóvenes para la paz, 2018, p. xiii).

Del mismo modo, los jóvenes desempeñan un papel vital en los procesos de consolidación de la paz y reconciliación después de periodos de violencia y conflicto deconstructivo. Clasificar a los jóvenes sólo como autores o víctimas de la violencia limita las posibles contribuciones de los jóvenes en estas situaciones. Los jóvenes son "multifacéticos", y muchos actúan como agentes de cambio después del fin de las guerras civiles o las atrocidades masivas (Ozerdem, 2016). Por lo tanto, este estudio investigativo considera a los jóvenes no sólo como víctimas, sino como agentes con muchas funciones e identidades.

Virginie Ladisch, del Centro Internacional para la Justicia Transicional, explica el valor de incluir a los jóvenes en los esfuerzos de justicia transicional, llamándolos "transmisores de la memoria". Quienes juegan un papel importante rompiendo el ciclo de abusos del pasado. Además, el sentido de activismo de los jóvenes proviene de ser testigos de los choques de la creciente desigualdad e injusticia. Sin embargo son una circunscripción clave responsable de la consolidación de un Nuevo orden político, construir valores democráticos y sostener la paz" (Ladisch, 2018, p. 3).sin embargo, sostiene que los gobiernos a menudo solo ven el potencial de los jóvenes en los cambios de régimen, y no durante el tiempo de reconstrucción de sus sociedades. Por lo tanto se hace caso omiso a los jóvenes durante los procesos de justicia transicional.

Con el telón de fondo de la literatura reciente que refleja más plenamente los papeles que desempeñan los jóvenes en la consolidación de paz este estudio pretende contribuir aún más al discurso de juventud y construcción de paz. Más importante aún busca dar prioridad a las voces de la juventud colombiana y explorar sus necesidades y opiniones mientras Colombia busca hacer la difícil transición de cinco décadas de conflicto armado hacia un futuro más pacífico. En particular su objetivo es involucrar a la juventud rural en los procesos de conversación y toma de decisiones, como lo expresaron algunos coinvestigadores de la ESAP, "cuando se escuchan voces jóvenes estas generalmente provienen de la élite de los jóvenes educados de la ciudad capital". Los ciudadanos jóvenes de las zonas rurales también poseen activos especiales que pueden contribuir al desarrollo de una paz positiva en Colombia. El acuerdo de paz, los sistemas de justicia transicional y consolidación de paz no solo debe proteger los derechos de los jóvenes sino también incluirlos activamente en el proceso.

Metodología

La preparación de este estudio nació de una colaboración entre el programa de investigación y educación para la paz del centro de estudios profesionales de la NYU y la ESAP, comenzó en 2018 en un curso intensivo de maestría en educación para la paz del centro de asuntos globales de la NYU. El miembro del equipo de investigación de la NYU (Alejandro García) decidió explorar el acuerdo de reparaciones esbozado en el acuerdo de paz del 2016 después de tres semanas consultas con profesores de la ESAP; opto por enfocarse en la juventud específicamente ya que el mismo pertenece a esta población, de igual forma debido a sus observaciones de que los jóvenes son constantemente excluidos de los procesos políticos. El reciente lanzamiento de juventud 2030la estrategia de la ONU sobre compromiso empoderamiento y participación de los jóvenes en la agenda del desarrollo sostenible 2030; y el marco de juventud, paz y seguridad se combinaron para hacer que un estudio sobre juventud rural en Colombia se hiciera necesario y relevante.

El trabajo de investigación conjunto entre la ESAP y la NYU fue llevado a cabo en Algeciras en Enero de 2019 en colaboración con investigadores de la ESAP, que fueron facilitadores del terreno, reuniendo participante, colaborando con la logística del estudio y proporcionando el contexto local necesario y lo más importante generando la confianza para conectarse con la comunidad.

La generación de datos tuvo lugar en Algeciras durante dos semanas e Enero de 2019. Aunque el diseño de la investigación inicialmente incluyo la aplicación de encuestas y entrevistas individuales, el equipo fue desalentado del uso de estas debido a las pasadas experiencias de investigación de RESURPAZ, que revelaron que los actores locales no eran receptivos a las encuestas. En consecuencia las entrevistas y los grupos focales fueron los principales métodos de investigación, específicamente 21 entrevistas individuales y un grupo focal compuesto por 16 personas. A lo largo del proceso los investigadores buscaron tener un grupo diverso de participantes .de los 21 entrevistados , nueve eran mujeres y doce eran hombre, tres eran excombatientes , dos se identificaron como parte de la comunidad LGTBI, ocho vivían en la zona urbana del pueblo ,mientras que el resto de ellos eran del campo. Catorce de los entrevistados habían completado un curso universitario o técnico estaban cursando uno; las otras siete personas no habían cursado estudios superiores de pues de culminar la educación secundaria. Solamente un participante pertenecía a un grupo indígena

Las entrevistas tuvieron una duración de una hora y se realizaron principalmente en un lugar neutral y privado de Algeciras. El grupo focal duro aproximadamente una hora en el centro cultural de la ciudad. Fue dividido en dos partes; la primera parte exploro las nociones y percepciones generales sobre paz, y la segunda parte se enfocó en el sistema de reparación descrito en el acuerdo de paz.

El foco de la investigación fue la juventud rural colombiana que vivía en Algeciras y sus alrededores. Aunque el gobierno colombiano clasifica a los jóvenes como las personas entre los 14 y 28 años, este estudio se limitó a los individuos entre los 18 y 28 años para evitar la inclusión de menores en el estudio lo que habría requerido del consentimiento de los padres.

Es importante resaltar que los miembros del equipo investigador pertenecientes a la ESAP no estaban de acuerdo con el rango de edad limitado que empleamos en el estudio. En primer lugar, en las zonas rurales de Colombia, se considera que una mujer u hombre es parte de la juventud a los 14 o 15 años de edad. Muchas personas ya estaban casadas o tenían familias a los 21 o 22 años de edad. En segundo lugar las mujeres y los hombres entre mayores de 25 o 26 años ya eran considerados muy mayores para incluirlos como jóvenes. Aunque nos quedamos con nuestro rango original de 18 a 28 años, esta observación reflejaba un malentendido más amplio del uso del término "juventud" en las zonas rurales y las sociedades no – occidentales y la elección arbitraria de los 18 como la edad en la que los jóvenes comienzan a ejercer un mayor nivel de autonomía en sus vidas. Los jóvenes no deben serlo solo por la edad, sino por el un especifico contexto sociocultural de su país. (Ladisch, 2018). Por ejemplo, una de las participantes huyo de su casa a la edad de 13 años porque miembro de la guerrilla refugiaron en la propiedad de sus padres y les dijeron que ya estaba lista para casarse con uno de ellos a esa edad.

Nuestro proyecto se llevó a cabo utilizando un enfoque de investigación acción participativa (IAP). El enfoque de la IAP indica que los participantes del estudio dan forma Al tema de investigación y a las preguntas de investigación, basados en su participación y acciones en lugar de que la investigación sea dictada únicamente por un investigador externo. (Mandakini, 2018). Mientras que nuestro equipo creo un conjunto de preguntas preliminares para ayudar a los participantes a contextualizar el tema de la investigación, sus respuestas guiaron hacia donde dirigíamos las preguntas de seguimiento y la dirección del estudio.

Si bien todos expresaron una consciencia general sobre el acuerdo de paz , se hizo evidente durante la investigación que había un desconocimiento generalizado sobre los puntos específicos del acuerdo de paz and y el sistema de reparaciones, de acuerdo con la IAP los participantes de la investigación, recibieron un folleto que explicaba los siete mecanismos del sistema de reparaciones así como ejemplos específicos de cada uno de ellos .esta decisión planteo la cuestión de si estábamos contaminando nuestra población participante. Abordamos esta problemática con preguntas generales primero, preguntando sus opiniones sobre la paz, como era para ellos y su percepción sobre el sistema de reparaciones del acuerdo. Solo entonces introdujimos el folleto para que fueran más conscientes de los detalles, dándoles información y permitiéndoles comentar cada uno de los puntos. Este enfoque hizo posibles que nuestro equipo analizara si había una brecha entre lo que ofrece el gobierno colombiano y lo que los participantes quieren.

Presentación y análisis de datos

Los resultados del estudio se dividen en tres secciones: Nociones de juventud y paz, conocimientos y percepciones sobre el acuerdo de paz y las reparaciones, y el futuro de la juventud y la paz en Colombia. Las principales conclusiones incluyen:

1) La juventud no es ajena al conflicto, un sentimiento expresado por mucha personas, incluyendo a nuestro compañeros de la ESAP. son plenamente conscientes delo ocurrido y sus consecuencias. Más aun, están buscando maneras de ayudar a la construcción de un futuro más pacífico. Sin embargo, los jóvenes sientes un amplio descontento con lo que ellos consideran una politización de la paz y por los altos niveles de corrupción.

2) Todos los jóvenes participantes en la investigación consideran necesarias todas las reparaciones incluidas en el acuerdo; sin embargo, ellos no ven esas reparaciones por si solas suficientes para construir la paz, ellos entienden que más que el cese de hostilidades. El incremento de la educación, el trabajo y las oportunidades sociales y culturales para la comunidad también son necesarias para lograr una paz sostenible.

3) En Algeciras los jóvenes han experimentado una gran estigmatización por personas ajenas a su comunidad, que a menudo los categorizan como parte o auxiliadores de la guerrilla. Muchos jóvenes manifestaron que esa estigmatización les ha costado muchas oportunidades fuera de Algeciras. Ellos le solicitan al gobierno que invierta en turismo o publicidad para limpiar sus reputaciones.

4) Por último, los jóvenes tienen un sentimiento de incertidumbre sobre el éxito futuro del acuerdo. Dada la falta de implementación de las reparaciones tienen una visión negativa de la paz en Colombia. Muchos creen que, si el gobierno no cumple con sus promesas de implementar el acuerdo, el conflicto armado podría regresar de una forma peor a la que habían experimentado.

Nociones de juventud y paz

Los participantes expresaron casi unánimemente que "la paz comienza en casa", con los valores enseñados por la familia. Muchos también agregaron que la paz es tranquilidad y oportunidades para desarrollarse profesional, académica y socialmente en la vida. Coexistir en armonía con los demás fue otra respuesta común a la pregunta de lo que significa la paz para ello; esta respuesta indico la necesidad de invertir en programas sociales que contribuyan a la construcción de la cohesión social.

En cuanto a la situación actual de Algeciras, los jóvenes expresaron haber visto un cambio positivo desde la firma del acuerdo. Muchos se sienten más tranquilos caminando por su comunidad; los participantes expresaron que antes del acuerdo uno no podía salir de noche debido a un toque de queda autoimpuesto, Además la libertad de expresión era muy limitada. Ahora los joven sientes que pueden participar más activamente en diferentes movimientos así como expresar sus opiniones, sin embargo como dijo un participante "vemos la paz por la falta de presencia de las FARC pero lo delitos han aumentado." Otro participante señalo el aumento del consumo de drogas ilícitas en su comunidad. Mientras que muchos de los participantes dijeron sentirse aliviados por la ausencia de actores armados y recordaron con nostalgia la época en la que las *FARC* hacían la "Justicia Fariana" este término significa un acto de "limpieza social" dirigido a ladrones, consumidores de drogas y otros actores no deseados en la comunidad, amenazándolo con asesinarlos si no abandonaba la ciudad. Algeciras tiene actualmente una pequeña presencia de disidentes de las FARC y ex paramilitares en sus alrededores, dejando a muchos con temor. Aunque los paramilitares nunca llegaron a Algeciras, la desmovilización de la FARC y la falta de presencia del gobierno, han creado un vacío de poder que ha permitido que un pequeño grupo de paramilitares se instalara en zonas aledañas. Por ejemplo, uno de los participante que se identificó como parte de la comunidad LGTBI+ manifestó recibir una carta amenazante por parte de un grupo no identificado, por usar drogas, pero el temía que la carta también había ido enviada por su orientación sexual.

Conocimientos y percepciones del acuerdo

Una vez los participante habían compartido sus ideas sobre sus definiciones d de paz, las entrevistas y el grupo focal se centraron en el acuerdo de paz y el sistema de reparaciones. En primer lugar, si bien todos los participantes eran conscientes del proceso de negociaciones que dio lugar al acuerdo paz, solo un puñado de ellos había seguido de cerca el proceso; la mayoría d ellos que lo habían seguido eran estudiantes en busca de un título universitario, y lo habían debatido en clase. Jóvenes excombatientes manifestaron prestarle mucha atención a la negociaciones, y que las FARC organizaron mucha reuniones para hablar sobre cualquier novedad. La atención desigual prestada al proceso parece ser la razón por la que muchas personas tienen idea errónea sobre lo que incluye el acuerdo.

Los participantes estaban divididos en cuanto a si apoyaban o se oponían al acuerdo de paz. Muchos jóvenes expresaron su inconformidad con las reparaciones otorgadas a los ex-combatientes, que incluían remuneraciones mensuales, casas y representación en el congreso. Sin embargo, mucho de los jóvenes también interpretaron esas reparaciones como condiciones necesarias para lograr el cese de hostilidades; incluso si se consideraban injustas. Como dijo uno de los participantes "tenemos que darles (reparaciones) a ellos primero, porque si el gobierno no la hubiera dado, ellos (FARC) habrían venido y los habrían destruido". Muy pocos participantes entendieron bien la sección del acuerdo que trata exclusivamente del sistema de reparaciones, de hecho algunos participantes tuvieron dificultad para entender la palabra "*reparaciones,*" encontrándola demasiado abstracta y difícil de entender lo que implica.

El folleto de informativo sobre el proceso de reparaciones sirvió para informar a los participantes sobre el sistema de reparaciones y permitirles hacer comentarios educados sobre ello. Curiosamente, mientras muchos participantes no apoyaron el acuerdo en su conjunto, todos los participantes apoyaron las siete medidas esbozadas en el sistema de reparación: actos de reconocimiento de la responsabilidad colectiva; acciones concreta de contribución a las reparaciones; planes de desarrollo rural; rehabilitación psicosocial; procesos de retorno colectivo de personas desplazadas y refugiados; medidas de restitución de tierras; e implementación de SIVJRNR. La mayoría de los participantes estuvieron de acuerdo en que si las medidas de reparación se implementaran realmente, ayudarían a llevar la paz a su comunidad.

Se pidió a los participantes en las entrevistas que eligieran las tres, medidas más importantes del sistema de reparaciones. Dado que Algeciras es principalmente una ciudad agrícola y mucha familias perdieron sus tierras a manos de las FARC o el Estado, la mayoría de los participante eligieron la restitución de tierras como la medida de reparación más importante, seguido de la rehabilitación psicosocial los participantes expresaron su firme convicción de que todos los miembros de la comunidad deben buscar y obtener ayuda para abordar los traumas experimentados durante el conflicto armado. Los participantes también indicaron que solo había un psicólogo en la oficina local de trauma y reparaciones para atender a 25000 personas que viven en Algeciras.

Por último, los participantes vieron una conexión entre do categorías de las reparaciones: los actos de reconocimiento colectivo de responsabilidad por todas las partes involucradas y acciones concretas de reparación tales como: reconstrucción de la infraestructura destruida, programas de desminado, y la participación en la sustitución de cultivos ilegales por cultivos legales, etc. Muchos manifestaron la necesidad de que todas las partes den a conocer la verdad de lo hechos y reconozcan la responsabilidad de sus actos; en particular, en particular todos los jóvenes mencionaron la necesidad de que las FARC pidan perdón formal y públicamente por la masacre de los Patrulleritos en 1990, *un acto llevado a cabo por miembros de las FARC donde* asesinaron a seis niños vestidos de Policías. (Rutas del Conflicto, 2019).

Los jóvenes excombatientes también estuvieron de acuerdo que las medidas de reparación era importantes para consolidar la paz. Dijeron que apoyan la idea de admitir responsabilidad, y quieren asumirla por sus actos como grupo, pero subrayaron la necesidad de que el gobierno también asuma la responsabilidad por u actos destructivos y violentos. Este subgrupo de jóvenes excombatientes se centró en el sistema de reparaciones que incluye la jurisdicción especial para la paz (*JEP*). Ellos expresaron su preocupación de que este Nuevo tribunal establecido en virtud de esta medida, pudiera cumplir la promesa de justicia alternativa. También dijeron que el gobierno hasta ahora les había brindado ayuda como estipendios mensuales y apoyo psicológico, pero que no había cumplido su promesa de brindar reparaciones colectivas a los excombatientes.

La última pregunta sobre reparaciones pregunto a los participantes si tenían ideas sobre otros tipos de reparaciones no incluidas en el acuerdo, que pudieran ayudar a aumentar la paz en Algeciras. A lo que respondieron enfatizando en la necesidad de incluir a los jóvenes en los procesos de toma de decisiones durante la reconstrucción y consolidación de la paz. Ofrecieron varias ideas innovadoras destinada a ayudar no solo en Algeciras, sino a toda Colombia en su transición hacia un estado más pacífico. La reparación más sugerida fue la provisión de más inversión social y económica para los jóvenes y la comunidad, como la diversificación de programas educativos, la apertura de espacios culturales, el establecimiento de. Los participantes manifestaron creer que tales oportunidades proporcionarían formas alternativas para que los jóvenes centren su energía en causas alternativas, así como para reconstruir la confianza de las comunidades en el gobierno. Del mismo modo lo participantes expresaron la necesidad de más espacios para el dialogo entre las partes tanto excombatientes como víctimas, para que así puedan restablecer las conexiones perdidas. Por ultimo un participante pidió más inversión en tecnología para la comunidad, argumentando que esto ayudaría a generar otras oportunidades.

El futuro de los jóvenes y la paz en Colombia

La última sección de la entrevistas se enfocó en el futuro de la paz y los jóvenes en Colombia. Una de las principales conclusiones del estudio fue la falta de oportunidades académicas, laborales, sociales y culturales en Algeciras, muchos participante manifestaron que tale programas eran imprescindibles para vivir en paz. En Algeciras hay una sola institución de educación superior, la ESAP, y ofrece un solamente un programa, Administración pública Territorial. Muchos jóvenes tienen que viajar más de una hora en carreteras montañosas para acceder a otros programas de educación superior. Los jóvenes también expresaron su descontento por la falta de oportunidades laborales. A pesar de que el conflicto armado ha terminado, muchas empresas y negocios siguen dudándolo a la hora de invertir y abrir tiendas en Algeciras por miedo a la violencia e inestabilidad. Los jóvenes afirmaron además que los programas sociales y culturales eran vitales para combatir la creciente delincuencia y consumo de drogas Algeciras.

Los participantes también expresaron su necesidad de que el gobierno restaure la buena reputación de Algeciras, y contrarreste u reputación de zona insegura. Muchos jóvenes también manifestaron haber sufrido de estigmatización fuera de su pueblo solo por ser de Algeciras. De hecho mucha gente manifiesta que lo residentes de Algeciras se van a Neiva, la capital del departamento del Huila para obtener sus cédulas de ciudadanía y evitar que Algeciras aparezca el ella. Un líder juvenil aconsejo que el gobierno invirtiera en turismo o en una campaña publicitaria para ayudar a la ciudad a salir adelante.

Por último, un interesante descubrimiento surgió al preguntar a los participantes sobre sus puntos de vista sobre el futuro del proceso de paz y de Algeciras en 10 años. Todos los participantes estuvieron de acuerdo en que el futuro de la paz parecía sombrío. Como dijo uno de los participantes, "*falta muy poco para volver al conflicto*" dijeron que el actual gobierno del presidente Iván Duque estaba perjudicando el éxito del proceso de paz al no poner suficiente financiación y voluntad política al proceso. Sentían que los excombatientes de las FARC se estaban poniendo ansiosos. Los participantes también expresaron que futuros acuerdo de paz con otros grupos armados dependería del éxito de este acuerdo de paz. Sin embargo, cuando se les pregunto sobre el futuro de Algeciras en 10 años la mayoría de los participantes ofrecieron perspectivas positivas, veían a Algeciras como una comunidad pacífica. Con más universidades y empresas, y una mejor infraestructura. Aunque puede parecer intuitivo para un observador que el éxito del acuerdo vaya de la mano con el éxito de la cuidad. Sin embargo, los jóvenes no parecían ver la conexión. Los Año de vivir en el conflicto armado y su consecuente resiliencia, que han llevado a que la comunidad algecireña a describirse a sí misma como "camaleónica"" podrían ayudar a explicar esta aparente contradicción.

Conclusión

El gobierno colombiano solo tiene el deber de proteger los derechos e intereses de los jóvenes, sino también de incluir las voces de los jóvenes colombianos en el periodo de transición de la violencia armada a una paz caracterizada por la reconciliación y la justicia. La juventud siente que no debe ser marginada del proceso de consolidación de la paz. Argumentan que sus experiencias y puntos de vista importan porque aunque no hayan vivido lo peor de la violencia, todavía viven perseguidos por la misma. Como afirma un estudio independiente de las naciones unidas sobre juventud, paz y seguridad, "está claro que la resiliencia de los jóvenes se manifiesta no solo en su ser, sino también en su apropiación y liderazgo en la construcción de paz" (2018). Lo jóvenes no son solo el futuro de un país, sino también el presente. Son un componente importante en la consolidación de paz.

Los jóvenes de Algeciras forman parte de este resiliente grupo de jóvenes de todo el mundo, y tienen importante perspectiva de cómo construir una sociedad más pacífica. Han visto un cambio en Algeciras desde la firma de acuerdo de paz, y muchos se sienten más a gusto con sus vidas cotidianas que antes. También tiene unas percepciones positivas del sistema de reparaciones incluido en el acuerdo de paz, sin embargo están profundamente preocupados por su futuro, dada lo que ven como una falta de implementación por parte del gobierno. Se sienten inseguros por muchas razones, entre ellas el reciente incremento de los crímenes y el uso de drogas ilícitas. A los jóvenes de Algeciras les gustaría ver más inversión en educación, empleo, oportunidades sociales y culturales para su comunidad. Por último, creen que Algeciras debe perder el estigma de lugar peligroso y empezar a ser percibido como el lugar de paz que sienten puede convertirse.

Referencias

Alsema, Adriaan. (2018). "FARC reclutaron más de 5000 menores durante la guerra en Colombia: enjuiciamiento." (Colombia Reports). Extraído de: https://colombiareports.com/farc-recruited-more-than-5000-minors-during-war-prosecution/.

Colombia Joven. (2018). "¿Qué es Colombia Joven?" extraído de http://www.colombiajoven.gov.co/programa/Paginas/colombiajoven.aspx.

Departamento Administrativo Nacional de Estadística (DANE). (2018). "Resultados Preliminares Censo Nacional de Población y Vivienda 2018." Extraído de https://sitios.dane.gov.co/cnpv-presentacion/src/#cuantos00.

Grupo de investigación RESURPAZ. (2018). *Informe El Municipio de Algeciras como Victima de Daño Colectivo (1948 – 2018)*. Algeciras, Colombia: Author.

Ladisch, Virginie. (2018). "UN catalizador para el cambio: incluir a los jóvenes en la justicia transicional." (Centro Internacional de Justicia transicional). Extraído de https://www.ictj.org/sites/default/files/ICTJ-Briefing-Youth-TJ-2018.pdf.

Ley Estatutaria 1622 (2013). "Estatuto de Ciudadanía Juvenil." Extraído de http://www.colombiajoven.gov.co/atencionaljoven/Documents/estatuto-ciudadania-juvenil.pdf.

Mandakini, Pant. (2018). "Investigación Acción Participativa." (*The SAGE Enciclopedia of Investigacion Accion*. Eds. David Coghlan and Mary Brydon-Miller. Thousand Oaks,: SAGE Publications Ltd, 2014. 583-588. *SAGE Knowledge)* doi: 10.4135/9781446294406.n259.

Oficina de Unidad de Victimas. (2011). "Ley 1448 de 2011." Extraído de https://www.unidadvictimas.gov.co/sites/default/files/documentosbiblioteca/ley-1448-de-2011.pdf.

Oficina del Alto Comisionado Para la Paz. (2013). "Primer Informe Conjunto de la Mesa De Conversaciones entre el Gobierno de la

República de Colombia y las Fuerzas Armadas Revolucionarias de Colombia de Colombia-Ejército del Pueblo, FARC-EP." Obtenido de http://www.altocomisionadoparalapaz.gov.co/mesadeconversaciones/PDF/Informe%20%20Conjunto%201-%20Mesa%20de%20Conversaciones%20-Gobierno%20y%20Farc%20-%20Version%20Espa_ol.pdf.

Oficina del Alto Comisionado Para la Paz. (2016). "Acuerdo Final para la Terminación del Conflicto y la Construcción de una Paz Estable y Duradera." Extraído de http://www.altocomisionadoparalapaz.gov.co/procesos-y-conversaciones/Documentos%20compartidos/24-11-2016NuevoAcuerdoFinal.pdf.

Ozerdem, Alpaslan. (2016). "El papel de los jóvenes en la Construcción de Paz: Desafíos y oportunidades." (Oxford Research Group). Extraído de https://www.oxfordresearchgroup.org.uk/blog/the-role-of-youth-in-peacebuilding-challenges-and-opportunities.

Red Nacional de Información. (2019) "Registro Único de Victimas." Obtenido de https://www.unidadvictimas.gov.co/es/registro-unico-de-victimas-ruv/37394.

Rutas del Conflicto. (2019). "Masacre de Algeciras." Obtenido de http://rutasdelconflicto.com/interna.php?masacre=720.

UN Press. (2015). "Consejo de Seguridad, Adoptando unánimemente la Resolución 2250 (2015), Insta a los Estados miembros a incrementar la participación de los jóvenes en la toma de decisiones en todos los niveles." (SC/12149). Extraído de https://www.un.org/press/en/2015/sc12149.doc.htm.

Voluntarios ONU. (2016). "Los Jóvenes y su Papel en la Construcción de la Paz." Extraído de. https://www.unv.org/es/news/los-jóvenes-y-su-papel-en-la-construcción-de-la-paz.

Youth4Peace. (2018). "La Paz perdida: estudio progresista independiente sobre juventud, Paz y seguridad." Extraído de https://www.youth4peace.info/system/files/2018-10/youth-web-english.pdf.

Abstract

The purpose of this study is to examine the perceptions of rural youth from Algeciras, Colombia of the reparations mechanism in the Peace Agreement in contributing to a more peaceful society. The key findings include:

1) *Youth are not oblivious to the conflict, as many observers often claim. They are fully aware of what happened and its consequences. Moreover, they are looking for ways to help in the peace process;*

2) *All youth consulted consider the reparations outlined in the Peace Agreement as necessary; however, they see peace as not only the cessation of hostilities, but also as an increase in education, job, and social and cultural opportunities in the community;*

3) *Youth have experienced stigmatization by people outside their community, who have categorized them as part of, or as supporters of, the guerilla;*

4) *Lastly, young people have a feeling of uncertainty about the future success of the Peace Agreement, given the lack of implementation of reparations. They have a negative outlook about prospects for peace in Colombia if the government does not deliver, with many believing armed conflict could come back in its worst form.*

Introduction

"Youth do not know the conflict; they were not affected by it as much as we were" is a common phrase said by older adults when describing the experiences of young people during the Colombian armed conflict. This statement is not only uttered in Colombia, but in situations around the world. Youth, thus, are marginalized from decision-making in the peacebuilding process, as well as from rebuilding and transitioning efforts of communities after armed conflict. However, recognizing the voices and utilizing the assets of young people is imperative for sustainable and successful peacebuilding. Therefore, New York University (NYU) and the *Escuela Superior de Administración Pública* (ESAP) embarked on a year-long research opportunity to investigate the perceptions of youth about the peace process after the signing of the Peace Agreement between the Colombian government and the *Fuerzas Armadas Revolucionarias de Colombia – Ejercito del Pueblo* (FARC-EP), the largest guerrilla group in Colombia.

The purpose of this study is to examine how well the reparations mechanism takes into consideration the expectations of youth, by gathering the opinions of rural young people from Algeciras. More importantly, this study explores if the reparations system has positively contributed to what youth consider the emergence of a more peaceful community and the factors that contribute to that perception. The overarching research questions for the project were: What are youth's current perceptions about the effectiveness of the reparations system established by the Peace Agreement in terms of contributing to increased peacefulness in Algeciras? And what are some of the factors that affect those perceptions?.

The research team of one NYU master's student (Alejandro Garcia) and four ESAP researchers from Algeciras (Karen Sofia Medina Herrera, Laura Daniela Moreno Mosquera, Andrei Garzón Rodriguez, and John Alexander Sanchez Sáenz) conducted 21 interviews and one focus group discussion over a period of two weeks in January 2019 in Algeciras. The following chapter highlights the process of the investigation and its findings. This report is organized into six sections: explanation of the context of youth in Algeciras and Colombia during the armed-conflict; conceptual framework explaining some of the relevant literature on youth and peacebuilding; methodology of the study; ending with the presentation of the data gathered and an analysis of it.

Context

For more than 50 years, Algeciras has been at the heart of conflict between the Colombian government and the FARC-EP (RESURPAZ, 2018). The people of Algeciras have experienced horrific events, including: the murder of hundreds of civilians; the displacement of thousands of people; *vacunas* (extortion); kidnappings; *falsos positivos* (murders of civilians by government and paramilitary forces, which were concealed as being guerrilla members); stigmatization; recruitment of child soldiers; use of landmines and cluster munitions; destruction of infrastructure; interference with economic development, and more (RESURPAZ, 2018). The youth in Algeciras are not strangers to these acts.

Based on our team's interviews, many youth still remember realities such as: living under curfew, not being able to speak freely or openly with everyone; taking cover when the electricity went off because it often signaled an imminent bombing; and not being able to tell anyone about decisions to join the army or become associated with the police. These experiences also affected other parts of Colombia where armed conflict was present.

According to the preliminary results of the 2018 national census in Colombia, 17.2 percent of the population is between the ages of 20-29 (Departamento Administrativo Nacional de Estadística [DANE], 2018). Similarly, of the 8,405,614 million people registered as Victims of the Conflict in the *Registro Único de Victimas*, the Colombian National Victims Registry, 1,780,079 are between the ages of 18 to 28 years old; that is 21 percent of the total victims (Red Nacional de Información [RNI], 2019). Moreover, the majority of people who joined the *guerilla*, paramilitary forces, and the army were youth. The Colombian Prosecutor General's Office estimates that around 5,000 minors were recruited by the FARC-EP (Alsema, 2018). Young people saw joining an armed group as an opportunity to escape from poverty. Youth undeniably have been a significant part of Colombia's violent conflict and its repercussions.

In fact, the Colombian government recognized the importance of youth by adopting Law 1662 in 2013. The law enshrines the rights of youth -- defined as people between the ages of 14 and 28 years -- to participate in any process in Colombia, and declares that state policies must take into account the voices and opinions of youth. More importantly, Law 1622 describes the Colombian youth as "*la generación de paz*" (the generation of peace), successfully staying away from describing them only as perpetrators or victims of the conflict (2013). The government also created *Colombia Joven (*Young Colombia), a sub-division in the Administrative Department of the President, to assist national and departamental governments in incorporating a youth lens into all laws and regulations (Colombia Joven, 2018). With those institutional guarantees for youth in place, the Peace Agreement, therefore, had to reflect the interests of Colombian youth.

During the negotiation phase of the Peace Agreement, the government established different ways for citizens, civil society, and interested parties to express their concerns, questions, and perspectives on the peace process; these included open forums, a website to submit inquiries, and local *mesas de conversación*, or conversional meetings. Youth representatives participated in some of the conversations, for instance by attending the second Forum on Political Participation in Bogotá in 2013 (Oficina del Alto Comisionado Para la Paz, 2013). However, many young people felt underrepresented during this historical time, complaining that they were not included in the decision-making process (UN Volunteers, 2016).

Nonetheless, the Peace Agreement considers youth as an important part of the peace process. The document makes reference to the rights of children and youth in its preamble, in the context of the Peace Agreement contributing to satisfying their rights (Oficina del Alto Comisionado Para la Paz, 2016). Then, the agreement focuses extensively on youth in Point 4, the sanction on the Solution for Illicit Drugs. This Point states that any solution presented should take into consideration the distinct necessities of youth and mandates a targeted prevention approach for them. In Point 5 of the Peace Agreement, the most important section devoted to making reparations to the victims of the conflict, the text gives the Truth Commission the responsibility to clarify the impact that the conflict had on children and adolescents. Similarly, the establishment of the *Jurisdicción Especial para la Paz,* a new judicial mechanism for making reparations to victims of the conflict, ensures that violations committed against children and youth carry a heavier burden than those committed against adults. Lastly, and most importantly, the section on additional measures to guarantee the implementation of the Peace Agreement states that the implementation of *all* five points must guarantee the interest and the rights of children and youth *above* everyone else's rights. The Peace Agreement clearly gives responsibility to all parties to act in the interests of youth.

Conceptual Framework

Much of the existing literature emphasizes the need to include and actively ensure the participation of youth in the construction of peace. The shift taken at the United Nations in 2015 with the adoption of Resolution 2250 by the UN Security Council, recognizing for the first time the importance of including youth in security and peace processes, created an important framework for youth participation and mainstreaming. The resolution urged member states to include young voices in the prevention and resolution of violent conflict, as well as when negotiating and implementing peace agreements (UN Press, 2015). From there, the international community has adopted an entire framework on Youth and Peace, such as: The Working Group on Youth and Peacebuilding, the Peacebuilding Support Office's Youth Peacebuilding Initiative, the UN Development Programme's Youth Global Programme for Sustainable Development and Peace, and most recently the UN strategy unveiled by United Nations Secretary-General Antonio Guterres, *Youth2030*, with the goal of raising the voices of young people around the world and acknowledging their inherent value. The adoption and creation of these offices and frameworks underscores the importance of a project such as this one that emphasizes the importance of including rural youth in the Colombian peace process.

Furthermore, Resolution 2250 requested an independent study on Youth, Peace, and Security. The study, completed in 2018, has served as the backbone of youth inclusion in peace and security matters. It contains four important points on the connection between youth and peace: tackling stereotypes and policy myths of youth; youth as creators of new opportunities for engagement with their communities; six core areas where exclusion and marginalization happens against youth, and to fully take advantage of young people as peacebuilders would mean a societal change in thinking. As expressed in the report, "[B]uilding and sustaining peace through the transformative potential of young people demands a seismic shift and bold reorientation from governments and the multilateral system" (Youth4Peace, 2018, p. xiii).

On the first point, youth too often are treated as drivers of violence and extremism, when, in fact, most young people are not involved in violent acts. Yet, because of this misunderstanding, they often are excluded from various processes in their countries. On the second point, the study found that youth are responding to the lack of opportunities for them by actively creating new opportunities to engage with their communities. For example, by creating youth-led organizations that actively deal with conflict, peace, and security. On the third point, young people are demanding political and economic inclusion, more access to education opportunities, gender-inclusion in peace processes, safe and enabling environments protected from injustice, and more opportunities to contribute in the demobilization and reintegration process of their peers. On the fourth point, the study recommends investing in the capabilities of the youth, transforming the current systems limiting youth participation, and prioritizing collaborative action where youth are seeing as "essential partners for peace" (Youth4Peace, 2018, p. xiii).

Similarly, youth play a vital role in peacebuilding and reconciliation processes after periods of violence and deconstructive conflict. Classifying young people only as perpetrators of violence or as victims limits the potential contributions of youth in these situations. Young people are "multi-faceted," with many acting as agents of change after the end of civil wars or mass atrocities (Ozerdem, 2016). Therefore, this research study considers youth not only as victims, but rather as agents with many roles and identities.

Virginie Ladisch, from the International Center on Transitional Justice, explains the value of including young people in transitional justice efforts, calling them "transmitters of memory," who play an important part in breaking the cycle of past abuses. Moreover, youth's sense of activism comes from witnessing the shocks of rising inequality and injustice. Therefore, they are a "key constituency responsible for consolidating the new political order, building democratic values, and sustaining pace" (Ladisch, 2018, p. 3). However, she argues that governments often only see the potential of young people during regime change, but during the time of rebuilding their societies. Thus, youth frequently have been disregarded during processes of transitional justice.

Against the backdrop of recent literature that more fully reflects the complex roles that youth play in peacebuilding, this study aims to contribute further to the discourse on youth and peacebuilding. More importantly, it seeks to give the podium to Colombian youth voices and to explore their needs and opinions as Colombia attempts to make the difficult transition from five decades of armed conflict toward a more peaceful future. In particular, it aims to bring rural youth into the conversation and decision-making processes. As expressed by some co-researchers from ESAP, when youth voices are heard, they usually come from the educated young elite in the capital city. Young rural citizens also hold special assets that can contribute to the development of positive peace in Colombia. Peace agreements, transitional justice systems, and peacebuilding must not only protect the rights of the youth, but also actively include them in the process.

Methodology

The preparation for this study, born out of a partnership between the Peace Research and Education Program at the NYU Center for School of Professional Studies and ESAP, began in June 2018 in an intensive Peace Research master's course at the NYU Center for Global Affairs. The NYU research team member (Alejandro Garcia) decided to explore the reparations process outlined in the 2016 peace deal following three weeks of consultations with ESAP professors; he opted to focus on youth specifically due to his own membership in the group, as well as his observation that youth frequently are marginalized from political processes. The recent launch of Youth 2030; the UN strategy on youth engagement, empowerment, and participation in the 2030 Agenda for Sustainable Development; and the Youth, Peace, and Security Framework combined to make a study on rural youth in Colombia seem necessary and relevant.

Joint- NYU-ESAP research work was carried out in Algeciras in January 2019 in conjunction with ESAP researchers who were facilitators on the ground, gathering participants and assisting with the logistics of the study and providing the needed local context.

More importantly, they created the necessary trust required to connect with the community.

Data generation took place in Algeciras for approximately two weeks in January 2019. Though the research design initially included administration of surveys and individual interviews, the team was discouraged from the use of surveys given RESURPAZ's past research experience, which revealed that local stakeholders were not receptive to surveys. Consequently, interviews and focus groups were the main research methods, specifically 21 individual interviews and one focus group attended by 16 people. Throughout the process, the researchers aimed to have a diverse pool of participants. From the 21 interview participants, nine were women and twelve were men, three were ex-combatants, two identified as part of the LGBTQ+ community, eight lived in the urban area of the town, while the rest were from the countryside. Fourteen of the interview participants either had completed a university or technical degree or were pursuing one; the other seven people had not pursued higher education after finishing secondary school. Only one participant belonged to an indigenous group.

The interviews lasted one hour on average and were conducted mainly at a neutral and private location in Algeciras. The focus group lasted approximately four hours at the town's cultural center. It was divided into two parts; the first part explored general notions and perceptions of peace, and the second part focused on the reparations system as outlined in the Peace Agreement.

The focus of the research was rural Colombian youth living in and around Algeciras. Although the Colombian government classifies youth as people between the ages of 14 to 28 years, this study was limited to individuals between the ages of 18 to 28 years in order to avoid the inclusion of minors in the study, which would have required parental consent.

It is important to note that the ESAP-affiliated research team members did not agree with the limited age range we employed in the study. First, in the rural areas of Colombia, a woman or man is already considered part of the youth at 14 or 15 years old. Many people were already married and had families by the age of 21 or

22. Secondly, women and men older than 25 or 26 already were considered too old to be included as youth. While we stayed with our original range of 18 to 28, this observation reflected a broader misunderstanding of the international community's use of the term "youth" in rural and non-Western societies and the arbitrary choice of 18 years as the age at which young people begin to exercise a higher level of autonomy over their lives. Youth should not be only by age, but by the specific and sociocultural context of the country (Ladisch, 2018). For instance, one of the participants fled her home at the age of 13 because guerilla members who took refuge in her parents' property told them that she was ready to be married to one of them at that age.

Our project was conducted using a Participatory Action Research (PAR) approach. The PAR approach states that the participants of the study shape the research theme and research questions based on their participation and actions, rather than having the research dictated solely by an external researcher (Mandakini, 2018). While our team created a set of preliminary questions to aid the participants in contextualizing the topic of the research, their answers guided where we directed the follow up questions and the direction of the study.

While everyone expressed general awareness of the Peace Agreement, it became evident during the research that there was a widespread lack of knowledge about the specific points of the Peace Agreement and the reparations system. Consistent with PAR, research participants were therefore given a printed handout that explained all of the seven mechanisms of the reparations system, as well as giving specific examples of each of them. This decision raised a question of whether we were contaminating our participant population. We tackled this problem by asking general questions first, asking their opinions on peace, what it looked like for them, and their perception of the reparations process and the Peace Agreement. Only then did we introduce the handout for them to become more aware of the specifics, giving them information and making it possible for them to comment on each of the points. This approach made it possible for our team to analyze whether there were any gaps between what is being offered by the Colombian government and what the participants want.

Data Presentation and Analysis

The findings of the study are divided into three sections: youth and peace notions, knowledge and perception of the Peace Agreement and reparations, and the future of youth and peace in Colombia. The key takeaways include:

1) Youth are not oblivious to the conflict, a sentiment expressed by many people, including our ESAP partners. They are fully aware of what happened and its consequences. Moreover, they are looking for ways to help in the process of building a peaceful future. However, youth feel a vast discontent with what they see as the politicization of peace and what they consider high levels of corruption;

2) All youth participants in this research consider the reparations included in the Peace Agreement to be necessary; however, they do not see those reparations alone as sufficient for building peace, which they understand as more than the cessation of hostilities. They feel that increases in education, job, and social and cultural opportunities in the community also are necessary to achieve sustainable peace;

3) In Algeciras, youth have experienced great stigmatization by people outside their community, who often categorize them as part of or as supporters of the guerilla. Many youth reported that this stigmatization has cost them opportunities outside of Algeciras. They are asking for the government to invest in tourism or publicity to clear their names;

4) Lastly, young people have a feeling of uncertainty about the future success of the Peace Agreement, given the lack of implementation of the reparations. They have a negative outlook about peace in Colombia. Many of them believe that if the government does not deliver on its promise to fully implement the Peace Agreement, armed conflict could return in even a worse form that they previously experienced.

Youth and Peace Notions

Participants expressed almost unanimously that peace starts "at home," with values taught by their families. Many also added that peace means tranquility and opportunities to develop professionally, academically, and socially in life. Coexisting in harmony with others was another common answer to the question of what peace means to them; this response indicated a need to invest in social programs that will contribute to building social cohesion.

Regarding the current situation in Algeciras, young people said they have seen a positive change since the signing of the Peace Agreement. Many feel more tranquil walking in their community; participants stated that before the Peace Agreement, one could not go out at night because of a self-imposed curfew. Moreover, freedom of expression was very limited. Now, youth feel they can actively participate in different movements, as well as express their own opinions. However, as one participant said, "we see peace because of the lack of the FARC presence, but petty crime has increased." Another participant also noted the increase of the use of illicit drugs in the community. While many participants said they felt relief due to the absence of armed actors, they expressed nostalgia for the time when the *FARC* performed *justicia fariana*. This term means the act of "social" clean up, targeting thieves, drug users, and other non-desirable actors in the community by threatening them with murder if they did not leave the town. Algeciras has currently a small presence of dissident FARC and former paramilitary fighters in its surroundings, leaving many in fear of them. While the paramilitary never made it into Algeciras, the demobilization of FARC forces and the lack of government presence has created a vacuum of power that has enabled a small group of paramilitaries to foster in the surrounding areas. For example, one of the participants who identified as part of the LGBTQ+ community reported receiving a threatening letter from an unidentified group for using drugs; the participant feared that the letter was also sent because of the participant's sexual identity.

Knowledge and Perception of the Agreement

Once participants had shared ideas about their own definitions of peace, interviews and the focus group focused on the Peace Agreement and the reparations system. First, while all participants were aware of the process of negotiations that had produced the Peace Agreement, only a handful of the participants had followed the process closely; most of those who had followed it were students pursuing a university degree, who had discussed it in class. Youth ex-combatants said they paid close attention to the negotiations, with the FARC-EP organizing daily meetings in classrooms to talk about any new developments. The uneven attention paid to the process seemed to be the main reason that many people had misconceptions of what the Peace Agreement includes.

Participants were divided in terms of whether they supported or opposed the Peace Agreement. Many of the youth expressed discontent with the reparations given to ex-combatants, which included monthly stipends, homes, and representation in Congress. However, many of the youth also interpreted those reparations as conditions that were necessary in order to achieve a cessation of hostilities even if they were seen as unfair. As one participant said, "We have to give it (reparations) to them first, because if the government gave them to us first, they (the FARC) would have come and destroyed them."

Very few participants understood well the section of the Peace Agreement that deals exclusively with the reparations system, and therefore few were aware of the specifics of the reparations system. In fact, a few participants had difficulty comprehending the meaning of the word "*reparaciones,*" finding it too abstract and difficult to understand exactly what it entails.

The informational handout about the reparations process served to inform the participants of the reparation system and to enable them to make educated comments about them. Interestingly, while many participants did not support the Peace Agreement as a whole, all participants supported the seven measures outlined in the reparation system: acts of recognition of collective responsibility; concrete actions of contribution to reparations; rural development plans; psycho-social rehabilitation; collective return processes for internally displaced people and refugees; land restitution measures; and implementation of the SIVJRNR. Most participants agreed that if the reparations actually were to be implemented, these would help to bring peace to their community.

Interview participants were asked to choose the three most important measures in the reparations system. Given that Algeciras is mainly an agricultural town and many of the families lost their land to the FARC or the State, most participants said that land restitution was the most important type of reparation, followed by psychosocial rehabilitation. Participants expressed a strong belief that everyone in the community must seek and get help to address the traumas experienced during the armed conflict. The participants also stated that there was only one psychologist within the local trauma and reparations office for all 25,000 people who live in Algeciras.

Lastly, participants saw a connection between two of the reparations categories: Acts of Collective Recognition of Responsibility by all parties and Concrete Actions of Reparations, such as rebuilding destroyed infrastructure, demining programs, and participation in the substitution of illegal crops for legal ones, etc. Many expressed the need for all parties to come forward with the truth of events and admit responsibility for their acts; in particular, all of the youth mentioned the need for the FARC to ask for forgiveness in a formal and public way for the 1990 *Masacre de los Patrulleritos,* an event carried out by FARC members who killed six children who were dressed as police officers (Rutas del Conflicto, 2019).

Youth ex-combatants also agreed that the measures of the reparations system were important for building peace. They said they support the idea of admitting responsibility, and want to assume responsibility for their acts as a group, but stressed the need for the government to also assume responsibility for its destructive and violent acts. This sub-group of youth ex-combatants focused on the system that includes the Special Jurisdiction for Peace (*JEP*). They expressed anxiety about whether the new Special Court, established under this measure, can deliver the promises of alternative justice. They also said that the government so far had delivered support to individuals, such as monthly stipends and psychological support, but that the government had not fulfilled its promise of delivering collective reparations to ex-combatants.

The last question regarding reparations asked participants if they had ideas for additional types of reparations, not included in the Peace Agreement, that could help increase peacefulness in Algeciras. Their responses emphasized the need to incorporate youth in decision-making processes during the reconstruction and peacebuilding process. They offered several innovative ideas intended to help not only Algeciras, but Colombia as a whole, in its transition to becoming a more peaceful state. The most suggested reparation was the provision of more social and economic investment for young people and the community, such as diversifying educational programs, opening of cultural spaces, establishing sport activities, and increasing business investment in rural communities. The participants said they believe that such opportunities would provide alternative ways for youth to focus their energy on positive causes, as well as rebuilding the trust of the community in the government. Similarly, many participants expressed the need for more spaces for dialogue between different parties -- both ex-combatants and victims -- so that they can reestablish lost connections. Lastly, one participant asked for more investment in technology in the community, arguing that it would help increase other opportunities.

Future of Youth and Peace in Colombia

The last section of the interviews focused on the future of peace and youth in Colombia. One of the main takeaways from the study was the lack of academic, labor, social, and cultural opportunities in Algeciras, and many participants saw such programs as imperative for living in peace. There is only one institution of higher education in Algeciras, ESAP, and it only offers one degree, a bachelor's degree in territorial public administration. Many youth have to travel more than one hour by car on mountain roads to access higher education institutions. Youth also expressed dissatisfaction with the lack of job opportunities. Even though the armed conflict has ended, companies and businesses remain hesitant to invest and open shops in Algeciras because of fear of violence and instability. The youth further stated that cultural and social programs were vital to combat the rising delinquency and drug use in Algeciras.

Participants also articulated their need for the government to restore the good reputation of Algeciras, and to counter its reputation as being an unsafe zone. Many youth said they have suffered stigmatization outside of their town just because they are from Algeciras. In fact, many people said that residents of Algeciras go to Neiva, the capital of Huila department, to obtain their national identification cards in order to avoid having Algeciras written on their cards. One youth leader advised the government to invest in tourism or a marketing campaign to help the town move forward.

Lastly, an interesting finding emerged from asking the participants about their views on the future of the peace process and of Algeciras in 10 years. All participants agreed that the future of the peace process seemed grim to them. As one participant said, "*falta muy poco para volver al conflicto*" (there is very little left to return to conflict). They said that the current government of President Ivan Duque was harming the success of the Peace Agreement by not putting enough funding or political will into the process. They sensed that former FARC combatants were becoming anxious. Participants also mentioned that future peace processes with other armed groups in Colombia would depend on the success of the Peace Agreement.

However, when asked about the future of Algeciras in 10 years, most participants offered positive outlooks. They saw a future Algeciras as a peaceful community, having more universities and more businesses, as well as better infrastructure. Although it may seem intuitive to an observer that the success of the agreement would go hand-in-hand with the success of the town. However, youth did not seem to see that connection. Years of living through the armed conflict and their resulting resilience, which lead to the Algecirian community being self-described as having a "chameleon" personality, might help to explain this apparent contradiction.

Conclusions

The Colombian government has a duty not only to protect the rights and interests of youth, but also to include the voices of young Colombians in the transition period from armed violence toward a peace characterized by reconciliation and justice. Young people feel they must not be marginalized from peacebuilding processes. They argue that their experiences and perspectives matter because even though they might not have lived through the worst of the violence, they still live with the repercussions of it. As the UN Independent Study on Youth, Peace, and Security states, "it is clear that the resilience of young people manifests not only in their agency, but also in their ownership and leadership in building peace" (2018). The youth are not only the future of a country, but also the present. They are an important component in peacebuilding.

The youth in Algeciras are part of this resilient group of global youth, and have important perspectives on how to construct a more peaceful society. They have seen a change in Algeciras since the signing of the Peace Agreement, with many feeling more at ease with their daily lives than they once did. They also have a positive perception of the reparations system within the Peace Agreement. However, they have deep concerns about its future, given what they see as a lack of implementation by the government. They feel uncertain for many reasons, including recent increases in illicit drug use and crime. Youth in Algeciras would like to see more investment in education, jobs, and social and cultural opportunities for their community. Lastly, they believe Algeciras must lose its stigma as a dangerous place and instead begin to become perceived as the place of peace they feel it can become.

References

Alsema, Adriaan. (2018). "FARC recruited more than 5000 minors during Colombia's war: prosecution." (Colombia Reports). Retrieved from https://colombiareports.com/farc-recruited-more-than-5000-minors-during-war-prosecution/

Colombia Joven. (2018). "¿Qué es Colombia Joven?" Retrieved from http://www.colombiajoven.gov.co/programa/Paginas/colombiajoven.aspx

Departamento Administrativo Nacional de Estadística (DANE). (2018). "Resultados Preliminares Censo Nacional de Población y Vivienda 2018." Retrieved from https://sitios.dane.gov.co/cnpv-presentacion/src/#cuantos00

Grupo de investigación RESURPAZ. (2018). *Informe El Municipio de Algeciras como Víctima de Daño Colectivo (1948 – 2018)*. Algeciras, Colombia: Author.

Ladisch, Virginie. (2018). "A Catalyst for Change: Engaging Youth in Transitional Justice." (International Center for Transitional Justice). Retrieved from https://www.ictj.org/sites/default/files/ICTJ-Briefing-Youth-TJ-2018.pdf

Ley Estatutaria 1622 (2013). "Estatuto de Ciudadanía Juvenil." Retrieved from http://www.colombiajoven.gov.co/atencionaljoven/Documents/estatuto-ciudadania-juvenil.pdf

Mandakini, Pant. (2018). "Participatory Action Research." (*The SAGE Encyclopedia of Action Research*. Eds. David Coghlan and Mary Brydon-Miller. Thousand Oaks,: SAGE Publications Ltd, 2014. 583-588. *SAGE Knowledge)* doi: 10.4135/9781446294406.n259.

Oficina de Unidad de Víctimas. (2011). "Ley 1448 de 2011." Retrieved from https://www.unidadvictimas.gov.co/sites/default/files/documentosbiblioteca/ley-1448-de-2011.pdf

Oficina del Alto Comisionado Para la Paz. (2013). "Primer Informer Conjunto de la Mesa De Conversaciones entre el Gobierno de la

República de Colombia y las Fuerzas Armadas Revolucionarias de Colombia de Colombia-Ejercito del Pueblo, FARC-EP." Retrieved from http://www.altocomisionadoparalapaz.gov.co/mesadeconversaciones/PDF/Informe%20%20Conjunto%20 1-%20Mesa%20de%20Conversaciones%20-Gobierno%20 y%20Farc%20-%20Version%20Espa_ol.pdf

Oficina del Alto Comisionado Para la Paz. (2016). "Acuerdo Final para la Terminación del Conflicto y la Construcció de una Paz Estable y Duradera." Retrieved from http://www. altocomisionadoparalapaz.gov.co/procesos-y-conversaciones/ Documentos%20compartidos/24-11-2016NuevoAcuerdoFinal. pdf

Ozerdem, Alpaslan. (2016). "The Role of Youth in Peacebuilding: Challenges and Opportunities." (Oxford Research Group). Retrieved from https://www.oxfordresearchgroup.org.uk/ blog/the-role-of-youth-in-peacebuilding-challenges-and-opportunities

Red Nacional de Información. (2019) "Registro Único de Victimas." Retrieved from https://www.unidadvictimas.gov.co/es/registro-unico-de-victimas-ruv/37394

Rutas del Conflicto. (2019). "Masacre de Algeciras." Retrieved from http://rutasdelconflicto.com/interna.php?masacre=720

UN Press. (2015). "Security Council, Unanimously Adopting Resolution 2250 (2015), Urges Member States to Increase Representation of Youth in Decision-Making at All Levels." (SC/12149). Retrieved from https://www.un.org/press/en/2015/ sc12149.doc.htm

UN Volunteers. (2016). "Los Jóvenes y su Papel en la Construcción de la Paz." Retrieved from https://www.unv.org/es/news/los-jóvenes-y-su-papel-en-la-construcción-de-la-paz

Youth4Peace. (2018). "The Missing Peace: Independent Progres Study on Youth, Peace and Security." Retrieved from https:// www.youth4peace.info/system/files/2018-10/youth-web-english.pdf

2

Paz y Reparaciones: Perspectivas de las Mujeres Sobrevivientes del Estado.

Peace and Reparations: Perspectives of Women Survivors of the State

Dillan Jacobson
Lina M. Ríos
Mireya Sandino
Oscar Bautista

Resumen

Este capítulo explora las percepciones de las mujeres sobre la paz y la reconciliación en relación con el programa de reparaciones del acuerdo de paz de 2016 en Colombia; específicamente, las percepciones de las mujeres sobrevivientes a la violencia directa perpetrada por el estado contra sus familiares más cercanos. El proyecto funciono como un estudio de caso en el municipio de Algeciras, en el departamento de Huila en Colombia; fue un esfuerzo para resaltar las percepciones de los miembros de la comunidad con derecho a reparaciones derivadas del proceso nacional de paz. Las entrevistas y los grupos focales con mujeres locales se centraron en seis temas distinto: concepciones personales de paz, conocimiento del acuerdo de paz 2016, percepciones del sistema de reparaciones, creencia en la importancia del apoyo psicosocial, transformación de la comunidad desde 2016, y la creación de la paz en el futuro. Los resultados del estudio demuestran unos bajos niveles de conocimiento sobre el acuerdo de paz, lo que ha impedido a muchas mujeres acceder a sus beneficios, la creencia en la importancia del apoyo psicosocial es generalizada lo que se refleja en una extrema decepción por la falta de servicios psicológicos en la ciudad. Muchos de los entrevistados comentaron los cambios positivos que se han presentado en Algeciras desde el acuerdo de paz, aunque la mayoría de ellos consideran que el estado actual de la paz e inestable. Aunque existe un gran escepticismo sobre el futuro del acuerdo de paz, la mayoría de mujeres siguen esperando que el gobierno suministre servicios sociales y mantenga el sistema de reparaciones.

Introducción

En uno de los pocos espacios de recreación del municipio de Algeciras, las poderosas palabras del ex secretario general de las Naciones Unidas, Kofi Annan, están pintadas con letras brillantes y coloridas "*En sociedades tan destrozadas por la guerra, frecuentemente son las mujeres las que mantienen a la sociedad en marcha. Usualmente son las principales defensoras de la paz.*" Esta cita captura las experiencias de muchas mujeres colombianas a lo largo de 50 años de guerra civil en el país. El 31 de Octubre de 2000, el conejo de seguridad de las Naciones Unidas adopto la resolución 1325, reconociendo los efecto desproporcionados del conflicto sobre las mujeres, al tiempo que "reafirmaba el importante papel de la mujer en la prevención, resolución de conflictos y construcción de paz" (Resolución 1325, 2000, p.1).

En Colombia, específicamente las mujeres representan el 49.5 de la población total de víctimas, constituyendo el mayor grupo de victimas clasificado por la "Red Nacional de Información"[1].

En un esfuerzo por contribuir al creciente cuerpo de literatura que documenta y examina la diversas experiencias de mujeres en periodos de violencia y paz, este estudio se centra en las percepciones de las mujeres sobre la paz y la reconciliación, en relación con el acuerdo de paz firmado EN 2016 entre el gobierno colombiano y la Fuerzas Armadas Revolucionarias de Colombia (FARC), el grupo armado más grande del país.

Este proyecto sirve como estudio de caso de las percepciones de las personas con derecho reparaciones, con especial atención en el municipio de Algeciras. El estudio explora si los mecanismos del acuerdo de paz están llegando a las personas profundamente afectadas por la violencia que tiene derecho a una indemnización legal.

Los resultados de este estudio tienen un valor tanto práctico como académico ya que contribuyen al creciente conjunto de investigaciones sobre la paz, a la vez que ofrecen datos que podrían servir de base para los esfuerzos de consolidación de paz que se están llevando a cabo en el país.

Este capítulo se centra en las percepciones de las sobrevivientes a la violencia directa perpetrada por el estado en contra de sus familiares más cercanos. En este estudio las mujeres sobrevivientes del estado están diferenciadas de las sobrevivientes a la violencia perpetrada por las FARC-EP; esta distinción sirve para apreciar las experiencias de estos dos grupos de mujeres en Algeciras y en otros municipios del país.

---

1   De acuerdo con la terminología utilizada en el acuerdo de paz y en el sistema jurídico colombiano, se utiliza inicialmente el término "victima"; sin embargo, se consideran las implicaciones de esta terminología y a partir de entonces se hace referencia a los participantes como sobrevivientes.

Contexto

La extensa cordillera que rodea a Algeciras, estratégica para la protección, privacidad y acceso a otra redes armadas en las montañas; ha ido reconocida como uno de los factores clave que contribuyen a la presencia duradera de grupo armados en la región. (Rincón and RESURPAZ, 2018, p. 32). Algeciras fue catalogada como "*Zona Roja*" en los años 50 debido a la severidad de la violencia de los grupos armados no estatales o guerrillas. En 1980, la policía nacional retiro su presencia de la población dejando abierto a un mayor control por parte de las FARC-EP, la guerrilla más grande y antigua del país. No obstante las fuerzas militares del estado intentaron contrarrestar la expansión del control de las FARC lo que inicio un periodo de interacciones violentas entre las FARC-EP y el estado en la región. Los soldados del estado a menudo asesinaban civiles inocentes que según ellos eran miembros de la Guerrilla, comúnmente conocidos como "falsos positivos" para satisfacer ordenes al informar el número de rebeldes dados de baja. (RESURPAZ, 2018, p.11). El estado también llevó a cabo la captura de civiles para el reclutamiento militar, desplazamiento forzado, confinamiento de comunidades enteras, secuestro y asesino a presuntos miembros de las FARC. (RESURPAZ, 2018, p.11).

Las violaciones a los derechos humanos perpetradas por el Estado, se dispararon durante la presidencia de Álvaro Uribe (2002 – 2010). (Rincón and RESURPAZ, 2018, p. 117). La presidencia de Uribe prometió acabar definitivamente con las FARC-EP, lo que resulto en el abandono del proceso de paz previamente iniciado por el presidente Andrés Pastrana en 1998. Reflejado en el lema "Mano firme, Corazón Grande"" este periodo presidencial estuvo marcado por un intenso abuso por parte del estado y de las FARC-EP. El estado incremento u presencia en la región lo que condujo a una disminución del apoyo a la FARC en la comunidad. A la vez condujo a un incremento de las amenaza a la población Algecireña sospechosa de estar afiliada al Estado por parte de las FARC.

Operación Aurora

La introducción del secuestro masivo de hombres para su reclutamiento en el ejército, fue una de las violaciones más graves a los derechos humanos iniciados durante el gobierno Uribe. Estas capturas fueron una forma de represión política, durante la cual los hombre eran detenidos in ninguna orden judicial o respeto al debido proceso (RESURPAZ, 2018, p.11). La práctica se reforzó bajo la lógica de la lucha contra el terrorismo, lo que se refleja en "la guerra global contra el terror "que siguió a los ataques del 11 de septiembre en Estados Unidos. Delgado escribió que las FARC habían sido rebautizadas por la Casa Blanca luego del 9/11 como "una organización terrorista extranjera (Delgado, 2015, p. 828). Como tal el Estado razono estos hechos como esfuerzos necesarios en la lucha contra el terrorismo en el país.

"La Operación Aurora" fue un secuestro masivo en el que el estado capturó y retuvo arbitrariamente a unos 00 civiles varones, tanto de zona urbanas y rurales de Algeciras para su servicio militar (RESURPAZ, 2018, p.11). Los principales blancos del secuestro eran hombre acusados de tener conexiones con las FARC-EP; sin embargo, en realidad la mayoría de los detenidos no eran partidarios ni combatientes de las FARC-EP (Rincón and RESURPAZ, 2018, p. 122).

Masacre de los Patrulleritos

Uno de los momentos más críticos de violencia descrito por las mujeres in Algeciras fue la "Masacre de los *Patrulleritos*." El "*Patrullerito*" era un programa de servicio cívico-militar estatal, establecido por la Policía Nacional para los niños el programa les ofrecía a los niños la oportunidad de trabajar con el municipio, involucrándolos en proyectos sociales y culturales para ayudar en el desarrollo de sus barrios. El estado requería que los niños que participaran en el programas usaran un uniforme de la Policía Nacional – un traje verde oliva para los niños mayores o uno blanco para los más pequeños, con botas militares, un bastón de mano; demostrando su . El 12 de Diciembre de 1990, miembros de las FARC-EP dispararon y asesinaron a seis niños *patrulleritos* y dos policías quienes regresaban a Algeciras de un evento de vacaciones en un pueblo vecino. (RESURPAZ, 2018, p. 48).

El programa *Patrullerito* fue aceptado positivamente por los habitantes de Algeciras por su enfoque comunitario, tarea que el estado había abandonado en gran medida cuando se retiró del municipio décadas atrás, sin embargo, la creación de un programa que asociaba a los niños con el apoyo al Estado, en un municipio marcado por la presencia de las FARC-EP demostró la violación por parte del estado de la protección y seguridad de los niños.

Dados los daños que la población de Algeciras sufrió a manos de las FARC-EP y el Estado entre 1964 y 2016, todo el municipio está en proceso de ser declarado como *"una víctima del daño colectivo"*. Este capítulo resalta las experiencias de mujeres que fueron afectadas directamente por el estado. Muchas mujeres experimentaron la muerte de sus hijo sobrinos y primos quienes eran *patrulleritos*. Otras mujeres y niños fueron testigos de cómo sus esposos y padres eran capturados en medio de la noche a causa de la operación Aurora, posterior a haber vivido el trauma de estos eventos por años. Los miembros de las familias de algunas mujeres fueron asesinados por soldados en confrontaciones con las FARC-EP, mientras que otros parientes varones fueron asesinados por el estado por ser sospechosos de pertenecer a este grupo armado. Algunas mujeres aun no conocen la verdad de lo que le paso a sus familiares que fueron secuestrados arbitrariamente o que desaparecieron; para muchas esta falta de información ha sido el peor daño de todos. Mientras este estudio se concentra en las mujeres de Algeciras. Las experiencias de mujeres afectadas directamente por la violencia perpetrada por el estado en contra de sus familiares cercanos, no son exclusivas de esta comunidad en particular.

Marco conceptual

La eficacia del sistema de reparaciones colombiano

A pesar del uso generalizado de las reparaciones, poco se sabe realmente sobre cómo pueden contribuir a una "paz más sostenible y de mejor calidad," o de las etapas durante el proceso de paz, cuando las reparaciones pueden tener can un mayor impacto

(Firchow and Ginty, 2013, p. 233). En Colombia el marco de las reparaciones dentro del sistema de verdad, justicia, reparación y no repetición (SIVJRNR) está basado en la ley de víctimas y restitución de tierras de 2011, "*La Ley* 1448". Fue la primera ley en reconocer a las víctimas y los daños sufridos durante el conflicto; es por eso que mucha literatura reciente se enfoca en la efectividad del sistema de reparaciones Colombia nacido de la ley de víctimas (ley 1448 del 2011).). En un estudio reciente se compararon dos comunidades rurales, una que había recibido tanto reparaciones comunitarias como individuales y la otra que no había recibido nada, se encontró un" vínculo no concluyente" entre las reparaciones y la reconciliación, basado en indicadores de paz y and reconciliación definidos por las dos comunidades mismas. (Firchow and Ginty, 2013, p. 315).

Otros estudiosos cuestionan la fuerza ley de víctimas como base para el sistema de reparaciones, particularmente en lo que se refiere a la relativa concentración de la ley en la "asistencia Material" (Weber, 2018, p. 89). Weber 2018 subraya los desafíos que surgen para las mujeres, de un excesivo énfasis en las reparaciones materiales, abogando por "unas reparaciones transformadores y justas en materia de género" que incluyan otros mecanismos sociales y políticos que apoyen a las mujeres, tales como educación, capacitación organizacional y de ciudadanía. (89).

El SIVJRNR en el acuerdo d paz aborda algunos de los desafíos que surgieron de la ley de víctimas. Los actores de la sociedad civil lucharon por la representación de las mujeres en la Habana durante los diálogos iniciales del proceso en 2012, que posteriormente dieron paso al acuerdo de paz, lo que influyo en la creación del comité de género que garantizo que todos los elementos del acuerdo de paz incorporaran una perspectiva de género. Muchos de los componentes de Acuerdo de Paz se encontraban aun en las etapas iniciales de implementación en 2018, en particular las disposiciones con una perspectiva de género. De acuerdo con el reporte del instituto Kroc, "El análisis de 130 estipulaciones con perspectiva de género... revelo que, al 30 de Junio de 2018, el 51% de los compromisos no se habían iniciado; el 38% se habían implementado mínimamente; el 7% había alcanzado un nivel intermedio de implementación; y el 4% de los compromisos (cinco estipulaciones) habían sido implementadas en su totalidad." (*"Informe Especial de Instituto Kroc,"* p.6).

A pesar de la incompleta y lenta implementación del acuerdo de paz, este estudio busca resaltar las percepciones locales sobre el sistema de reparaciones, dada su importancia para la mayoría de los colombianos. El estudio también examina los niveles de conocimiento sobre el acuerdo de paz en general. Si las comunidades a lo largo del país no son conscientes de sus derechos tal como se establecen en el acuerdo de paz hay muy pocas oportunidades para que sus beneficios se materialicen. Una mejor comprensión, así como una mejor percepción del sistema de reparaciones puede contribuir a una conversación más extensa sobre la efectividad de este, así como para orientar los desarrollos futuros del sistema colombiano de reparaciones.

Metodología

La investigación este estudio fue llevada a cabo conjuntamente por un estudiante de maestría del centro de estudios globales de la Universidad de Nueva York (Dillan Jacobson) y tres investigadores de del grupo investigación RESURPAZ de la ESAP (Lina M. Ríos, Mireya Sandino, Oscar Bautista). Jacobson desarrollo los temas de investigación durante un seminario de investigación de tres semanas en mayo y Junio de 2018en la NYU, mientras que RESURPAZ proporciono redes basadas en la construcción de confianza en Algeciras al mismo tiempo que guiaba el desarrollo de preguntas y localizaba a las personas a entrevistar.

Enfoque de investigación: Investigación Acción Participativa

La metodología de la investigación se inspiró en la "Investigación Acción Participativa" (IAP), que es un enfoque de investigación cualitativa en el que los investigadores y los participantes reflexionan conjuntamente sobre los objetivos practico del proyecto, mientras consideran los temas y preguntas a investigar. La IAP es "impulsada por los participantes", aquellos que tienen un interés personal en los temas que se abordan (Painet. al, p.2). Dado que cuatro de los cinco miembros del equipo de investigación eran oriundos de Algeciras y se vieron afectados por el conflicto armado interno con la FARC-EP, la población local fue colocada en el centro de la investigación, lo que aumentó considerablemente la posibilidad de que la investigación fuera culturalmente sensible.

La IAP es particularmente apropiada para este caso de estudio porque a menudo es usada por estudiosos feministas para examinar las dinámicas de poder de la sociedad, en particular, las diferencias de poder basadas en el género (Maguire, 1987). El énfasis central de la IAP en los participantes como guía de investigación, así como su apreciación por las experiencias únicas de las mujeres en tiempos de violencia y paz, influyeron en la decisión del equipo de investigación de utilizar este enfoque. Dado que el estudio pretendía analizar las percepciones de la gente, las entrevistas y los grupos focales eran adecuados para tener en cuenta la profundidad y complejidad de las respuestas. Por ejemplo, el nivel de sensibilidad de los temas explorados significaba que los investigadores tenían que interpretar los silencios cuando la gente decidía no hablar; la profundidad y significado de estos intercambios no se hubieran reflejado en una encuesta. Uno de los miembros del equipo de investigación, Lina les recordó a los otros investigadores que a menudo la gente la gente no ofrece respuestas detalladas, están tratando de olvidar la verdad de lo que paso. Los intercambios de silencio fueron frecuentes entre las mujeres de la muestra, reforzando la decisión del equipo de utilizar entrevistas y grupos focales en lugar de encuestas.

Diseño de la metodología

El plan original para el trabajo de campo de dos semanas en Algeciras, era llevar a cabo dos grupos focales (con 8 o 10 participantes aproximadamente) y 10 entrevistas individuales. Dada la dinámica de cambio de poder en el municipio y en el país en general, pocas mujeres se identificaron como sobrevivientes del estado específicamente, mientras que otras, por temor, no dieron su testimonio. Muchas mujeres temen sobre como respondería el estado contra quienes hablan de la verdad sobre los crímenes cometidos por actores del estado; en este contexto de miedo muchas mujeres prefirieron no asociarse así mismas como sobrevivientes de la violencia del estado.

Después de facilitar el primer grupo focal, el equipo de investigación decidió hacer la transición exclusivamente a la realización de entrevistas individuales. Los investigadores observaron que en el ambiente de los grupos focales, algunas mujeres, dominaron la discusión, mientras que otras no parecían sentirse cómodas hablando en lo absoluto. La sensibilidad de los temas y el hecho de que muchas estuvieran familiarizadas entre si afectaron en última instancia el nivel de comodidad para compartir sus percepciones en un ambiente de grupo.

En cada una de las entrevistas individuales, dos miembros del equipo de investigación estaban presente, una persona facilito la entrevista y el otro tomo notas detalladas para su posterior análisis. El equipo decidió colectivamente que tener más de dos investigadores presentes afectaría negativamente los sentimientos de privacidad y disposición de los participantes para contestar las preguntas. Los investigadores también consideraron que la presencia de su colega masculino, Oscar, podría afectar la comodidad y apertura de ciertas mujeres. Por lo tanto el equipo decidió que Oscar solo se uniría a las entrevistas con los participantes con los que mantenía un vínculo personal.

Los investigadores reconocieron que las conexiones personales entre algunos de los investigadores y los participantes podrían afectar de forma general la investigación, pero era una situación un tanto inevitable, el tamaño pequeño de Algeciras y su relativo aislamiento, contribuyeron a un fuerte sentimiento de familiaridad entre muchos d ellos investigadores y los participantes de la investigación. De hecho la única forma de identificar a la pequeña cantidad de mujeres que se identificaron como sobrevivientes del Estado fue recurriendo a los contactos personales. Para crear un sentido de objetividad en este entorno y mantener un elemento de distancia entre los investigadores y los participantes, Dillan se animó a tomar la iniciativa en la realización de las entrevistas ya que era el único miembro del equipo que no era originario ni residente de Algeciras.

Siguiendo los principio de la IAP el equipo de investigación llevo a cabo las entrevistas en lugares elegidos por cada uno de los participantes sonde se sintieron cómodas compartiendo sus opiniones e historias personales. La mayoría de las mujeres fueron expresivas al responder las preguntas los que demostró el éxito d del a organización de la entrevista: la ubicación familiar, el pequeño número de investigadores presentes, y las preguntas que fueron claras y consientes. Al final de las dos semanas en Algeciras los investigadores habían realizado un total d e10 entrevistas individuales y un grupo focal con ocho mujeres.

Preguntas de investigación

Las entrevistas constaban de diez preguntas. Las sesiones comenzaban con los investigadores haciendo las preguntas de la entrevista, para luego pasar a una conversación sobre las historias y experiencias personales de los participantes. Inicialmente, los investigadores pensaron que la gente no se sentiría cómoda compartiendo sus historias personales al comienzo del intercambio; sin embargo, pronto se dieron cuenta que muchos de los participantes eran más propensos a elaborar sus respuestas después de un intercambio personal que no incluía preguntas de investigación con guion. Tras realizar aproximadamente la mitrad de las entrevistas de la manera original, los investigadores empezaron a hacer preguntas generales de la historia de la persona al principio de la sección, sí habían nacido en Algeciras, su historia familiar, así como otras preguntas de su vida cotidiana. Tras esta conversación inicial, los investigadores preguntaron a los participantes sobre sus experiencias durante el conflicto armado con las FARC-EP en Algeciras, lo que condujo al segmento de preguntas y respuestas de la entrevista. Las preguntas de la entrevista se centraron en los siguientes seis temas:

a. Conceptos personales/ definiciones de paz.
b. Nivel de conocimiento sobre el acuerdo de paz.
c. Percepciones sobre el programa de reparaciones.
d. Creencia en la importancia del apoyo psicosocial.
e. Transformación de la comunidad durante el acuerdo de paz.
f. Como crear la paz en la comunidad.

La siguiente sección presenta los resultados más importantes de la entrevista y las sesiones de los grupos focales. Para proteger la confidencialidad de las mujeres que fueron entrevistadas, los seudónimos sustituyen los nombres reales en el análisis.

Análisis y presentación de datos

Tema #1: conceptos personales / definiciones de paz

Primero se les pregunto a los participantes sobre sus propias concepciones de paz; como cada persona defina la paz, en última instancia, informa sus percepciones de cuan pacificas son realmente las comunidades y sociedades.

Para más de la mitad de las mujeres de la muestra la paz significa "tranquilidad y armonía" tanto en la familia como en la comunidad. El cambio de la dinámica de poder y los frecuentes enfrentamientos entre el estado y las FARC-EP dejaron a Algeciras en un estado de turbulencia durante la mayor parte del siglo XX. Una mujer cuyo quien su esposo fue capturado por el estado y obligado a servir en el ejército, explico que la extorsión a gran escala era una carga económica que empobrecía a la comunidad; la prevalencia de los negocios ilegales impedía que el dinero se dirigiera al desarrollo económico del municipio (Ent. 3, comunicación personal, Enero 21, 2019).

Muchas mujeres compartieron sus experiencias personales sobre la separación familiar. Esta separación incluía la separación física de los miembros de la familia capturados y reclutados forzosamente por el ejército o de los niños que fueron enviados voluntariamente a estudiar a otras ciudades para evitar la violencia en Algeciras y obtener mejores oportunidades para el futuro. Esta ruptura familiar se extendió más allá de la separación física en muchos casos ya que a menudo significaba vivir con el vacío de no saber la verdad sobre sus seres queridos desaparecidos durante el periodo de conflicto.

Para otras mujeres la paz era un concepto interno que viene del interior de cada persona. Una mujer cuyo hijo sobrevivió a la

"Masacre de los Patrulleritos", dijo que la paz vive en el corazón de uno; ella la llamo "paz interior". Además declaro que tener un sentido de paz interna era el vehículo a través del cual se le puede transmitir a los demás (Ent. 7, comunicación personal, Enero 24, 2019). Este sentimiento fue compartido por otra mujer cuyos familiares fueron asesinados arbitrariamente por soldados del ejército en Balsillas, en el municipio de san Vicente de Caguán; para ella la paz significa ayudar a proveer a otros (Ent. comunicación personal, Enero 21, 2019).

En contraste otras mujeres pensaban en la paz como algo puramente abstracto y no basado en sentimientos y acciones ínter o intrapersonales. Una mujer cuyo esposo fue capturado en la operación Aurora, dijo que: "la paz se queda en la palabra" lo que significa que es indescriptible y esquiva (Ent. 6, comunicación personal, Enero 23, 2019).

Había diversidad en las concepciones de paz de las personas, pero en general, la mayoría de las mujeres identificaban la paz como un concepto multifacético que podía involucrar a la persona, la familia y la comunidad. De manera importante nadie hizo referencia al acuerdo de paz como un símbolo de paz en sus vidas.

Tema #2: nivel de conocimiento sobre el acuerdo de paz

Las preguntas de las entrevistas siguientes se centraron en el conocimiento local del Acuerdo de Paz y el proceso de reparaciones resultante. Este estudio busca entender mejor la accesibilidad, en particular si las de las mujeres en Algeciras conocen los beneficios a los que tienes derecho y como acceder a ellos.

Cuando se les acerca del conocimiento del acuerdo de paz, la mayoría de las mujeres respondieron que habían oído hablar del mismo, pero desconocían sus componentes. Una mujer cuyo primo fue asesinado en la masacre de los patrulleritos, explico que solo sabía que se había firmado un acuerdo entre el gobierno y las FARC-EP (Int. 2, comunicación personal, Enero 21, 2019). La mayoría de las otras mujeres que entrevistamos expresaron niveles similares de familiaridad con el Acuerdo de Paz. La misma mujer agrego, que en su opinión, el acuerdo de paz solo se refería al gobierno colombiano y a las FARC- EP y no al público en general. Solo dos mujeres entrevistadas sabían detalles específicos del acuerdo; una, sabia sobre la JEP la Jurisdicción Especial de Paz, mientras que la otra era miembro de una organización conocida como AMUDELHUILA (Asociación de mujeres víctimas y constructoras de paz), sabía sobre algunos programas de reparación. AMUDELHUILA, una de las asociaciones de mujeres más activas en Algeciras, organizo sesiones de capacitación para sus miembros sobre los componentes del Acuerdo de Paz.

Los investigadores notaron que las mujeres que parecían tener mayores conocimientos sobre el Acuerdo de Paz pertenecían a grupos organizados para, mujeres sobrevivientes como AMUDELHUILA. Los grupos organizados proporcionan a las mujeres una red de apoyo y la oportunidad de compartir sus experiencias con otras mujeres. En estos entornos las mujeres también pueden recibir orientación informal por parte de personas que accedieron previamente al sistema de reparaciones cuando inicien sus propios procesos de reclamación a través de la ley de víctimas del 2011. Estas sesiones de capacitación tienen el potencial de educar a las mujeres dentro del acuerdo de paz, pero son poco frecuentes, otros grupos organizados de mujeres en la región no realizaron sesiones de capacitación como lo hizo AMUDELHUILA para sus miembros. Una de las mujeres entrevistadas enfatizo en que la mujer necesita más capacitación en cuanto al acceso al sistema d reparaciones, diciendo que hay "una falta de apoyo profesional y capacitación personalizada" (Ent 6, comunicación personal, Enero 24, 2019).

Aquellas que no pertenecía a grupos organizados y por lo tanto no recibieron información, representaba la mayoría de las mujeres en Algeciras; inicialmente oyeron hablar del acuerdo de paz en los medios de comunicación, como los noticieros de radio y televisión. Dijeron que las noticias sobre el acuerdo de paz eran frecuentes en los últimos meses. Sin embargo, las mujeres informaron que las noticias incluían información actualizada sobre la desmovilización de las FARC- EP, curules en el Senado de la República, etc., pero no incluían información sobre como solicitar los beneficios colectivos de dicho acuerdo.

Varias mujeres en el debate del grupo focal señalaron que el acuerdo de paz en si es muy complejo, muy largo y está escrito en un lenguaje técnico que disuade a los ciudadanos de leerlo. El encriptado formato del acuerdo de paz, significaba que muchos ciudadanos necesitaban sesiones locales de entrenamiento para entenderlo. Dado que esta información se ha impartido de forma limitada en Algeciras, muchas personas no han podido acceder a los derechos que este les garantiza. Este hecho es aún peor para las personas pre alfabetizadas o para quienes no tienen acceso a internet o televisión.

Tema #3: Percepciones del acuerdo de paz y el programa de reparaciones

El acuerdo de paz obtuvo una atención significativa en los medios de comunicación mundiales, habiendo recibido innumerables elogios por el arduo "trabajo y la cooperación de un sin número de líderes y ciudadanos Colombiano" y por el "compromiso sostenido con la diplomacia y la reconciliación" (la Casa Blanca 2016). El Acuerdo de Paz en sí, es exhaustivo, consta de más de 300 páginas, 5 secciones y 59 artículos. El instituto de investigación para la paz de Oslo lo califico de "ambicioso" (2018); sin embargo, a partir de 2019, solo el 23 por ciento de sus disposiciones fueran plenamente implementadas (Implementación de Acuerdo De paz en Colombia, 2019). Dado que el acuerdo aún se encuentra en sus primeras etapas de implementación, muchas mujeres de la muestra dijeron haber recibido alguna forma de reparación, ya sea algún beneficio económico o psicosocial; de hecho, habían sido compensadas de acuerdo con en la ley de víctimas de 2011, la cual provee las bases para el programa de reparaciones en el marco de Acuerdo de paz.

El siguiente conjunto de preguntas de la entrevista examino las percepciones locales sobre las reparaciones específicamente, si los participantes pensaban que el programa nacional de reparaciones era suficiente y tenía el potencial para contribuir a la paz. Las respuestas a estas preguntas reflejaron en general el nivel de conocimiento que los participantes tenían sobre el Acuerdo de Paz; los participantes que no tenían conocimiento sobre el programa de reparaciones dentro del acuerdo de paz a menudo nos dijeron que no tenían opinión sobre el tema. Los investigadores tomaron nota de si los participantes habían recibido algún beneficio que pudiera influenciar sus percepciones sobre el programa de reparaciones.

Cuando se les pregunto sobre la suficiencia del programa de reparaciones, ninguna de las mujeres entrevistadas creyeron que el sistema fuera adecuado. Esta respuesta fue unánime incluso entre las cinco mujeres que habían recibido apoyo económico o psicosocial. La mayoría de las mujeres tenían una visión negativa del acuerdo de paz en general, diciendo que únicamente un acuerdo económico, que era "como un negocio". En el grupo focal, varias mujeres dijeron que había una brecha significativa entre las palabras escritas y la implementación real del Acuerdo de paz, específicamente señalaron que las promesas de programas desarrollo a nivel de toda la comunidad eran inexistentes.

Los temas de confianza sobre el programa de reparaciones y el Acuerdo de Paz más amplio, surgieron en múltiples de las respuestas de las mujeres. Dos describieron su temor de que la violencia volviera en cualquier momento (comunicación personal, Enero 21 and 24, 2019), mientras que otra señalo además que el acuerdo de paz era "pura mentira" (Ent. 2, comunicación personal, Enero 21, 2019). Todas las mujeres entrevistadas dijeron que sentían que las reparaciones en general eran fundamentales para la consolidación de la paz en Colombia, aunque ninguna expreso satisfacción con el arreglo actual. Tampoco confiaban en el nuevo gobierno apoyara el proceso de paz, o en algunos casos llevando a cabo componentes del acuerdo de paz. Una mujer expreso su preocupación sobre el futuro de la implementación del programa de reparaciones debido a su duración y a la disminución del apoyo del gobierno Colombiano. (Int. 10, comunicación personal, Enero 26, 2019). La mayoría de las mujeres expresaron su escepticismo sobre el apoyo del gobierno actual al acuerdo de Paz, pero también dijeron que el apoyo gubernamental era necesario para la construcción de paz. Proporcionaron ejemplos de inversiones gubernamentales necesarias, como proyectos de desarrollo comunitario, programas de vivienda, educativos y reparaciones.

Tema #4: creencia en la importancia del apoyo psicosocial.

Los investigadores también preguntaron sobre las opiniones de la gente sobre el apoyo psicosocial, que es una importante forma de reparación incluida tanto en la ley de víctimas como en el acuerdo de paz. La mayoría de las mujeres piensa que las reparaciones económicas por si solas no son suficientes, por lo que valoran la inclusión del apoyo psicosocial. Sin embargo, muchas mujeres dijeron que en Algeciras hay un solo psicólogo, para un municipio con 25. 000 habitantes. Una mujer cuyo tío desapareció mientras servía en el ejército, dijo que toma varios meses agendar una cita con el psicólogo (Ent. 4, comunicación personal, Enero 23, 2019). Solo tres mujeres entrevistadas por el estudio habían hablado con un psicólogo; dos solo recibieron apoyo por un periodo temporal. Una tercera cuyo esposo fue asesinado por el estado por ser sospechosos de ser miembro de las FARC-EP, hablo con una psicóloga por un periodo de un año; sin embargo, explico que debido a la falta de psicólogos en Algeciras, tuvo que viajar a otro municipio para recibir apoyo psicosocial y que los costó d los viajes eran una gran carga financiera para ella y su familia (Ent. 10, comunicación personal, Enero 26, 2019). La combinación de los costos asociados a los viajes a otros lugares y la falta de apoyo psicológico en Algeciras limitan la disponibilidad de estos beneficios enumerados en el Acuerdo De paz.

Todas las mujeres que fueron entrevistadas expresaron su firme creencia en la importancia del apoyo psicosocial en general, sin embargo, algunas mujeres afirmaron que no necesitaban recibirlo. Una de las entrevistadas dijo no creer que el apoyo psicosocial era importante para ella, considera que han pasado muchos años desde que experimento el trauma por la captura de su esposo. (Ent. 6, comunicación personal, Enero 23, 2019). Otra mujer cuyo padre fue capturado en la operación Aurora, también dijo que no necesitaba el apoyo psicosocial, dijo también que alentaría a su hijo a buscar apoyo psicosocial para el trauma de presenciar estos eventos violentos siendo un niño. Dijo que había aprendido a vivir con el "daño" por su cuenta como adulto, mientras que la situación era más grave para los niños que constantemente presenciaban actos de violencia sin comprender plenamente lo que estaba ocurriendo. (Ent. 5, comunicación persona, Enero l22, 2019).

Tema #5: transformación de la comunidad desde el Acuerdo de Paz

El acuerdo de paz de 2016 ha supuesto cambios significativos en Algeciras. Muchas mujeres señalaron que hay más tranquilidad y unidad en el pueblo con menos protestas en las calles. Otras hablaron sobre vivir con menos miedo a las inminentes erupciones de la violencia, aunque simultáneamente describieron la paz como inestable. Muchas señalaron la sutil violencia que persistió a través de la extorsión, el crimen y la adicción a las drogas. Una mujer dijo, "pasamos de la delincuencia del monte a la delincuencia común" (Ent. 10, comunicación personal, Enero 26, 2019). Otras mujeres explicaron que las FARC-EP habían implementado un sistema Facto de justicia durante su control en la región, aplicando reglas estrictas que desalentaba a la delincuencia, como los robos y el uso público de drogas; sin el control de la guerrilla en el municipio estos problemas de generalizaron. La desmovilización de las FARC- EP y su retirada de la región crearon un vacío de poder que el estado no ha llenado por completo. Los participantes no anhelaban un retorno del control de la guerrilla, sino que buscaban una mayor atención y capacidad del Estado en la prevención de la delincuencia común. Muchas mujeres llevan una profunda tristeza por la muerte de sus familiares. Aunque admiten que el acuerdo de paz fue innovador, una mujer comento que "nunca es suficiente" (Ent. 4, comunicación persona, Enero 23, 2019). Todo lo que quiere es que su familia este unida y saber qué fue lo que paso con sus familiares desaparecidos, respuesta que, en última instancia la reparación no puede proporcionar. Otra igualmente dijo que por esta razón "todavía no hay tranquilidad" (Ent. 2, comunicación personal, Enero 2019).

Tema #6: reflexiones sobre la creación de paz en comunidad

Las preguntas finales de la entrevista fueron más progresistas y preguntaron a los participantes sobre la creación de paz en su comunidad. En general, la mayoría de las respuestas reflejaron temas de "paz positiva" como lo describió Galtung (1996); "paz negativa" se refiere al cese de la violencia directa, mientras que la paz positiva se centra en los mecanismos de transformación de los sistemas sociales, restablecen las relaciones y en última instancia, mantienen la ausencia de toda violencia. (Galtung, 1996). La mayoría de las mujeres dijeron que la paz podía ser creada por medio del avance de los servicios sociales, como salud, saneamiento básico y educación que prepare a los jóvenes para la fuerza laboral. Otras mujeres argumentaron que invirtiendo en más oportunidades para la juventud durante su tiempo libre puede ayudar a prevenir el crimen y el consumo de drogas. Mientras otras dijeron que la terminación de los estudios universitarios era muy importante para que la gente pudiera emprender sus propios negocios y así impulsar la economía local.

Algunas mujeres consideran la importancia de la infraestructura eléctrica, la vivienda y el acceso a centros de recreación para fortalecer la paz en toda la comunidad. A pesa del escepticismo en el compromiso del gobierno de respetar el acuerdo de paz, algunas mujeres dijeron tener grandes expectativas en cuanto a la provisión de servicios sociales y otros componentes del acuerdo. Una mujer entrevistada dijo que, *"El estado es el que debe generar empleo y mejorar la calidad de vida de la familia"* (Ent. 2, comunicación personal, Enero 21, 2019). Otra mujer también menciono que la paz se construye desde los más altos representantes en el país (Ent. 7, comunicación personal, Enero 24, 2019). Una tercera mujer observo una desconexión entre el estado y el pueblo, y expreso la necesidad de una mayor presencia del estado en Algeciras para ayudar a establecer un programa de reparaciones más personalizado y específico para cada contexto. Dijo que, *"El Estado o las personas que saben encargadas de eso deberían profundizar más en el tema, ir y mirar"* (Ent. 3, comunicación personal, Enero 21, 2019). Esto es esencial para crear una solución efectiva que aborde las condiciones específicas de cada comunidad.

Las mujeres que definieron la paz como un concepto más interno y personal dijeron que la creación de paz comienza en casa hacienda el compromiso de reconectar la familia, inculcando valores positivos como el respeto, la igualdad y la tolerancia. Luego de muchos años de violencia e interacciones negativas dentro de la comunidad, muchas mujeres dijeron que la construcción de buenas relaciones entre las personas, por ejemplo.

Conclusiones

Este capítulo se centra en las percepciones de paz de las mujeres y su conexión con el programa de reparaciones dentro del acuerdo de paz; se explora específicamente las percepciones de las mujeres sobrevivientes de la violencia directa perpetrada por el estado en contra de sus familiares más cercanos. La mayoría de las participantes en esta investigación conceptualizaron la paz como "tranquilidad" y "armonía" dentro del hogar y la comunidad. Para algunas de ellas, la paz era un concepto más interno que nace en el corazón de uno y puede ser transmitido a otros; otras pensaban que la paz era algo puramente abstracto, indescriptible y evasivo, no se trata de acciones sentimientos intra o ínter personales.

La mayoría de las participantes había oído sobre el Acuerdo de paz pero desconocían sus detalles y posibles beneficios. La radio y la televisión eran el recurso más común para recibir información sobre el acuerdo; sin embargo, estos medios no proveían información sobre cómo acceder a las reparaciones. Las mujeres que eran miembros de organizaciones formales mostraron un mayor conocimiento sobre el acuerdo debido a su participación en sesiones formales de capacitación dirigidas por dichas organizaciones. Estos resultados resaltan la importancia de desarrollar más capacitaciones públicas para ayudar a la gente a entender el Acuerdo.

Todas las participantes dijeron que creían que las reparaciones eran importantes, pero no consideraban el programa nacional de reparaciones suficiente. La mayoría de las participantes dijeron no haber recibido ninguna compensación económica o psicosocial. Todas las participantes expresaron a importancia del apoyo psicosocial para la construcción de paz particularmente para personas que sufren traumas graves y para aquellos que presenciaron actos de violencia en la niñez. Algunas destacaron los desafíos que plantea tener un solo psicólogo en un Municipio con 25.000 habitantes. La mejora de los servicios locales parecería ser una prioridad para los participantes.

Muchas mujeres dijeron que habían notado un cambio palpable en Algeciras durante el 2016, como una mayor tranquilidad y unidad en la ciudad, en gran parte como resultado de menos violencia y protestas en las calle. La mayoría de las participantes dijeron que consideraban esta paz inestable desde que incrementaron los índices de crimen, delincuencia, violencia callejera, abuso de drogas y otros desordenes sociales desde la desmovilización de las FARC- EP y su retiro de la región. Las participantes no ansiaban un regreso del control de la guerrilla sino estaban buscando mayor atención y capacidad del gobierno para la prevención de la delincuencia común.

Con el fin de fomentar la paz, la mayoría de las mujeres manifestaron que esperaban un avance en los servicios sociales como la salud, el saneamiento básico, los sistemas educativos y programas de vivienda así como más atención y capacidad para la prevención de la delincuencia común. Durante muchos años de violencia y separación familiar, existe una necesidad de construir buenas relaciones entre la gente y de inculcar valores positivos en la familia y la comunidad. Mientras las participantes expresaron el escepticismo respecto al futuro del acuerdo de paz, la mayoría todavía esperan que el gobierno proporciones los servicios necesarios y mantenga el programa de reparaciones.

Referencias

ABC Medidas De Reparación Integral Para La Construcción De Paz. *Oficina Del Alto Comisionado Para La Paz*. Extraído Febrero 21, 2019, de www.altocomisionadoparalapaz.gov.co/ Documents/informes-especiales/abc-del-proceso-de-paz/abc-medidas-reparacion-integral-para-construccion-paz.html

Barry, Kathleen. (1979). *Esclavitud Sexual Femenina. Englewood Cliffs*, NJ: Prentice-Hall.

Colombia: ley de victimas una oportunidad histórica. (2015). *Human Rights Watch.* https://www.hrw.org/news/2011/06/10/colombia-victims-law-historic-opportunity

Delgado, J. E. (2015). Pensamiento Militar Colombiano y su lucha contra la insurgencia de las FARC-EP 2002–2014. *Journal of Strategic Studies*, 38(6), 826-851. doi:10.1080/01402390.2015 .1005610

Dunn, J. L. (2005). "víctimas" y "sobrevivientes": Emerging Vocabularies of Motive for "Battered Women Who Stay". *Sociological Inquiry*, 75(1), 1-30.

Firchow, P., & Ginty, R. M. (2013). Reparaciones y consolidación de Paz: cuestiones y controversias. *Human Rights Review*, 14(3), 231-239. doi:10.1007/s12142-013-0275-1

Galtung, J. (1996). Peace by peaceful means: Peace and conflict, development and civilization. Oslo, Norway: International Peace Research Institute Oslo; Thousand Oaks, CA, US: Sage Publications, Inc.

Garcia-Godos, J. (2008). Victim Reparations in Transitional Justice–What is at Stake and Why *NORDISK TIDSSKRIFT FOR MENNESKERETTIGHETER*, 26(2), 111-130. https://www. researchgate.net/publication/228389406_Victim_Reparations_ in_Transitional_Justice-What_is_at_Stake_and_Why

Informe Especial del Instituto Kroc y el acompañamiento internacional, ONU Mujeres, FDIM y Suecia, al seguimiento del enfoque de género en la implementación del Acuerdo

Final (pp. 5-45, Rep.). (2018). Kroc Institute for International Peace Studies.

Maguire, P. (1987). *Doing participatory action research: A feminist approach*. Massachusetts: University of Massachusetts Press.

Mills, T. (1985). The assault on the self: Stages in coping with battering husbands. *Qualitative Sociology*, 8(2), 103-123. doi:10.1007/bf00989467

Neédavies, M. L. (1997). "Survivors" and "victims": Long-term HIV positive individuals and the ethos of self-empowerment. *Social Science & Medicine*, 45(12), 1863-1873. doi:10.1016/s0277-9536(97)00124-x

Pain, R., Whitman, G., & Millede, D. (n.d.). *Participatory Research Action ToolKit: An Introduction to Using PAR as an Approach to Learning, Research and Action* (pp. 1-8). Extraído Febrero 20, 2019, de http://communitylearningpartnership.org/wp-content/uploads/2017/01/PARtoolkit.pdf

Participatory Action Research. (n.d.). Extraido Febrero 20, 2019, de https://www.participatorymethods.org/glossary/participatory-action-research

Peace Accord Implementation in Colombia Continues to Progress Two Years In (pp. 1-3, Rep.). (2019). Kroc Institute for International Peace Studies.

Picart, C. J. (2003). Rhetorically Reconfiguring Victimhood and Agency: The Violence Against Women Acts Civil Rights Clause. *Rhetoric & Public Affairs*, 6(1), 97-125. doi:10.1353/rap.2003.0035

Programas de Desarrollo con Enfoque Territorial (PDET). *Agencia de Renovación del Territorio*. Obtenido Febrero 18, 2019, de http://www.renovacionterritorio.gov.co/especiales/especial_PDET/

Red Nacional De Información - RNI | Unidad Para Las Víctimas. *Unidad Para Las Víctimas*, Gobierno De Colombia. Extraído Febrero 18, 2019 de, https://www.unidadvictimas.gov.

co/es/registro-unico-de-victimas-ruv/37394

Reparations. *ICTJ*. Extraido: Febrero 21, 2019, de https://www.hrw. org/news/2011/06/10/colombia-victims-law-historic-opportunity

Rincón, N. & RESURPAZ (2018). Informe el Municipio de Algeciras como Víctima de Daño Colectivo (1948- 2018).

RESURPAZ (2018). Elementos Centrales que Permiten la Declaración de Víctima de Daño Colectivo al Municipio de Algeciras Huila.

Sharp, Dustin N. (2013). Beyond the Post-Conflict Checklist: Linking Peacebuilding and Transitional Justice Through the Lens of Critique. *Chicago Journal of International Law* 14 (1), 165–196.

Summary of Colombia's Agreement to End Conflict and Build Peace (Publication). (2016). Extraído Febrero 20, 2019, de Alto Comisionado Para la Paz: http://www. altocomisionadoparalapaz.gov.co/herramientas/Documents/ summary-of-colombias-peace agreement.pdf.

The White House, Office of the Press Secretary. (2016). *Statement by the President on the Colombia Peace Agreement* [Press release]. Extraído Marzo 1, 2019, de https://obamawhitehouse. archives.gov/the-press-office/2016/08/25/statement-president- colombia-peace-agreement.

Van Zyl, P. (2006). Promoting Transitional Justice in Post-Conflict Societies. In *Security governance in post-conflict peacebuilding*. A. Bryden, A. & H. Hänggi (Eds.), Geneva: Geneva Centre for the Democratic Control of Armed Forces.

United Nations Security Council. (2000). [Cong. Res. 1325 from District General Cong.].

Weber, S. (2018). From Victims and Mothers to Citizens: Gender- Just Transformative Reparations and the Need for Public and Private Transitions. *International Journal of Transitional Justice*, 12(1), 88–107. doi:10.1093/ijtj/ijx030.

Abstract

This chapter explores women's perceptions of peace and reconciliation pertaining to the reparations program within the 2016 Peace Agreement in Colombia; specifically, the perceptions of women survivors of direct violence perpetrated by the State against their close relatives. The project operated as a case study in the town of Algeciras in the Huila Department of Colombia; it was an effort to highlight perceptions of community members entitled to reparations borne out of the national peace process. Interviews and focus groups with local women centered around six distinct themes: personal conceptions of peace; knowledge of the 2016 Peace Agreement; perceptions of the reparations system; belief in the importance of psychosocial support; community transformation since 2016; and the creation of peace in the future. The study's main findings demonstrate low-levels of knowledge about the Peace Agreement, which has impeded many women from accessing its benefits. Belief in the importance of psychosocial support is widespread, indicated by extreme disappointment in the lack of psychological services in the town. Many interview participants commented on positive changes in Algeciras since the Peace Agreement, although most of them consider the current state of peace to be unstable. While there is great skepticism concerning the future of the Peace Agreement, the majority of women interviewed still expect the Government to provide social services and uphold the reparations system.

Introduction

In one of the only communal recreation spaces in the town of Algeciras, the powerful words of former United Nations Secretary General Kofi Annan, are painted in bright, colorful letters: "*En sociedades tan destrozadas por la guerra, frecuentemente son las mujeres las que mantienen a la sociedad en marcha. Usualmente son las principales defensoras de la paz*" (In societies so torn apart by war, it is often women who keep society going. They are usually the principal defenders of peace). This quotation captures the lived experiences of many Colombian women throughout more than 50 years of civil war in the country. On October 31, 2000, the United Nations Security Council adopted Resolution 1325, recognizing the disproportionate effects of conflict on women, while also "reaffirming the important role of women in the prevention and resolution of conflicts and in peace-building" (Resolution 1325, 2000, p.1). In Colombia, specifically, women represent approximately 49.5 percent of the total population of victims, making up the largest victim group classified by the Government's Unit for the Integral Attention and Reparation to Victims ("Red Nacional de Información").[1]

In an effort to contribute to the growing body of literature that documents and examines the diverse experiences of women during periods of violence and peace, this study focuses on women's perceptions of peace and reconciliation pertaining to the Peace Agreement signed between the Colombian government and the Revolutionary Armed Forces of Colombia (FARC), the country's largest rebel group in 2016. This project serves as a case study of the perceptions of people entitled to reparations, with a particular focus on the town of Algeciras. The study explores whether the Peace Agreement's mechanisms are reaching people deeply affected by violence who are legally entitled to compensation. The findings from this study have both practical and academic value as they contribute to the growing body of peace research while also offering data that could inform ongoing peacebuilding efforts in the country.

This chapter specifically focuses on the perceptions of women survivors of direct violence perpetrated by the State against their close relatives. In this study, women survivors of the State are differentiated from survivors of violence perpetrated by the FARC-EP; this distinction serves to appreciate the diverse experiences of these two groups of women in Algeciras and in other municipalities across the country.

Context

The expansive mountain range surrounding Algeciras – strategic for protection, privacy, and access to other armed networks in the mountains – has been recognized as one of the key contributing factors to the enduring presence of armed groups in the region (Rincón and RESURPAZ, 2018, p. 32). Algeciras was regarded

---

1   Consistent with the terminology used in the Peace Agreement and Colombian legal system, the term "victim" is initially used; however, the implications of this terminology are considered, and thereafter participants are referred to as "survivors".

as a "*Zona Roja*" (Red Zone) in the 1950's due to the severity of non-State armed group, or guerilla, violence. In 1980, the national police force withdrew its presence from the region, leaving the territory open for greater control by the FARC-EP, the largest and oldest guerilla group in the country. Notwithstanding, the State's military forces attempted to counter the expansion of the FARC-EP's control, which initiated a period of violent interactions between the FARC-EP and State in the region. State soldiers often killed innocent civilians who they claimed were guerilla fighters – commonly referred to as "false positives" – to satisfy orders when reporting the numbers of rebels killed (RESURPAZ, 2018, p.11). The State also carried out mass captures of civilians for recruitment to the military, forcibly displaced or confined whole communities or municipalities, and kidnapped and killed suspected FARC-EP members (RESURPAZ, 2018, p.11).

Human rights violations perpetrated by the State spiked during Alvaro Uribe's presidency between 2002 and 2010 (Rincón and RESURPAZ, 2018, p. 117). Uribe's presidency promised the ultimate defeat of the FARC-EP, which resulted in the abandonment of the previously-anticipated peace process initiated by President Andres Pastrana in 1998. Reflected in Uribe's slogan, "firm-hand, big heart," the period of his presidency was marked by intense abuse on the part of both the State and the FARC-EP. The State's increased presence in the region led to diminished support for the FARC-EP among the community. This in turn led to an increase in threats to the Algeciran population suspected of being affiliated with the State by the FARC-EP (Rincón and RESURPAZ, 2018, p. 111).

Operation Aurora

The introduction of mass kidnappings of men for recruitment to the army was one of the gravest violations of human rights initiated by the State during Uribe's presidency. These captures were a form of political repression, during which men were detained without any judicial order or respect for due process (RESURPAZ, 2018, p.11). The practice was reinforced under the rationale of fighting terrorism, as reflected by the global "War on Terror" that followed the attacks of September 11, 2001 in the United States. Delgado writes that the FARC-EP had been "rebranded at the wake of 9/11 as a foreign terrorist organization by the White House" (Delgado, 2015, p. 828). As such, the State reasoned these acts as necessary efforts to fight terrorism in the country.

"Operation Aurora" was a mass kidnapping where the State captured and arbitrarily detained approximately 300 male civilians from both the urban and rural areas of Algeciras for their service in the military (RESURPAZ, 2018, p.11). The main targets of the kidnapping were men imputed to be connected with the FARC-EP; however, in reality, the majority of detainees were neither FARC-EP supporters nor fighters (Rincón and RESURPAZ, 2018, p. 122).

Massacre of the Patrulleritos

One of the critical moments of violence as described by women in Algeciras was the "Massacre of the *Patrulleritos*." The *Patrullerito* (little patrolmen) was a state civic-military service program established for children by the national police force. The program offered children an opportunity to work in the municipality, engaging them in social and cultural projects to aid the development of their neighborhoods. The State required the children who participated in the program to wear the national police uniform – an olive green suit for older children or white for those who were younger, with military boots and a baton in-hand – demonstrating their affiliation with the State. On November 12, 1990, members of the FARC-EP shot and killed six children *patrulleritos* and two police officers who were returning to Algeciras from a holiday event in a neighboring town (RESURPAZ, 2018, p. 48).

The *Patrullerito* program was accepted positively by the inhabitants of Algeciras for its focus on community development, a task which the State had largely abandoned when it withdrew from the region in the previous decades; however, the creation of a program that associated children with supporting the State in a municipality marked by the FARC-EP's presence demonstrated the State's violation of children's safety and protection.

Given the harm the population of Algeciras experienced at the hands of both the FARC-EP and the State from 1964 until 2016, the entire municipality is in the process of being declared as "*una víctima del daño colectivo*" (a victim of collective damage). This chapter highlights the experiences of women who were directly affected by the State. Many women experienced the deaths of their sons, nephews, and cousins who were *patrulleritos*. Other women and children witnessed their husbands and fathers being captured in the middle of the night as part of Operation Aurora, subsequently having lived with the trauma of the event for years afterward. Certain women had family members killed by State soldiers in other confrontations with the FARC-EP, while other male relatives were assassinated by the State for being suspected members of the group. Some women still do not know the truth of what happened to their family members who were arbitrarily kidnapped or who disappeared; for many, this lack of knowledge has been the worst harm of all. While this study focuses on women in Algeciras, women's experiences with direct violence perpetrated by the State against their close relatives are not unique to this particular community.

Conceptual Framework

The Effectiveness of the Colombian Reparations System

Despite the widespread use of reparations, little is actually known about how they can contribute to "more sustainable and better quality peace," or about the stages during peace processes when reparations can have the largest impact (Firchow and Ginty, 2013, p. 233). In Colombia, the reparations framework within the Comprehensive System of Truth, Justice, Reparation, and No Repetition (referred to as SIVJRNR per its acronym in Spanish) is based on the 2011 Victims and Land Restitution Law – "*La Ley 1448*" – which was the first law recognizing victims and the harm endured throughout the civil war; as such, much recent literature focuses on the effectiveness of the Colombian reparations system borne out of the 2011 Victims Law (La Ley 1448). In a recent study comparing two rural Colombian communities – one that had received both community-wide and individual reparations and another that had not received anything – an "inconclusive link" was found between reparations and reconciliation based on indicators of peace and reconciliation defined by the two communities themselves (Firchow and Ginty, 2013, p. 315).

Other scholars question the strength of the Victims Law as the foundation for the reparations program, particularly concerning the Law's relative concentration on "material assistance" (Weber, 2018, p. 89). Weber (2018) underlines the challenges for women that arise from an overemphasis on material reparations, advocating for "gender-just transformative reparations" that include other social and political mechanisms that support women's agency, such as education, organizational training, and citizenship (89).

The SIVJRNR in the Peace Agreement addresses some of the challenges that emerged from the Victim's Law. Civil society actors fought for women's representation in Havana during the initial peace talks in 2012, which later led to the Peace Agreement, influencing the creation of a gender sub-committee that guaranteed that all elements of the Peace Agreement would incorporate a gender lens. Many components of Peace Agreement were still in their early stages of implementation in 2018 — particularly the provisions with a gender perspective. According to a 2018 report from the Kroc Institute, "Analysis of the 130 stipulations with a gender perspective… reveals that, as of June 30, 2018, 51 [percent] of the commitments had not been initiated; 38 [percent] were minimally implemented; 7 [percent] had reached an intermediate level of implementation; and 4 [percent] of the commitments (five stipulations) had been fully implemented" ("*Informe Especial de Instituto Kroc,*" p.6).

Despite the unfinished and slow implementation of the Peace Agreement, this study seeks to highlight local perceptions of the reparations system, given its relevance to the majority of the Colombian population. The study also examines levels of awareness of the Peace Agreement in general. If communities across the country are unaware of their rights as set forth in the Peace Agreement, there is little opportunity for its benefits to materialize. Better understanding, as well as improved perceptions, of the reparations system can contribute to a larger conversation regarding the effectiveness of reparations, as well as guide future developments in the Colombian reparations system.

Methodology

The research of this study was jointly carried out by one master's student at the NYU Center for Global Affairs (Dillan Jacobson) and three local researchers from the ESAP research group RESURPAZ (Lina M. Rios, Mireya Sandino, Oscar Bautista). Jacobson developed the research topic during a three-week Peace Research seminar in May and June 2018 at New York University (NYU), while RESURPAZ provided networks built on trust in Algeciras, while guiding the development of questions and locating individuals to interview.

Research Approach: Participatory Action Research

The research methodology was inspired by "Participatory Action Research," (PAR), which is an approach to qualitative research, whereby researchers and participants jointly reflect on the practical goals of the project while also considering themes and questions to investigate ("Participatory Action Research"). PAR is "driven by the participants," those who have a personal "stake" in the issues being addressed (Pain et. al, p.2). Given that four out of five of the research team members originated from Algeciras and were affected by the internal armed conflict with the FARC-EP, the local population was placed at the center of the research, greatly increasing the likelihood that the research would be culturally sensitive.

PAR is particularly appropriate in the case of this study because it often is used by feminist scholars to examine societal power dynamics, notably, power differences based on gender (Maguire, 1987). PAR's central emphasis on the participant as the research guide, as well as its appreciation for the unique experiences of women in times of violence and peace, influenced the research team's decision to utilize this approach. Since the study intended to analyze people's perceptions, interviews and focus groups were well-suited to account for the depth and complexity in responses. For example, the level of sensitivity in the topics explored meant that the researchers had to interpret the silences when people chose not to speak; the depth and meaning of these exchanges would not have come through in a survey. One member of the research team, Lina, reminded the other researchers that often when people do not offer detailed responses, they are trying to forget the truth about what happened. The exchanges of silence were frequent among women in the sample, reinforcing the team's decision to use interviews and focus groups rather than surveys.

Design of Methodology

The original plan for the two-week field work in Algeciras was to conduct two focus groups (with approximately 8 – 10 participants) and 10 one-on-one interviews. Given the shifting power dynamics in the municipality and the country more generally, few women identified themselves as survivors of the State specifically, while others, out of fear, did not want to give their testimonies. Many women feared how the State would respond to those who spoke the truth about the crimes that were committed by State-affiliated actors; in this context of fear, many women preferred not to associate themselves as survivors of State violence.

After facilitating the first focus group, the research team decided to transition exclusively to conducting individual interviews. The researchers observed that in the focus group setting, certain women dominated the discussion, while others did not seem comfortable speaking at all. The sensitivity of topics and the fact that many women were familiar with one another ultimately affected the level of comfort in sharing their perceptions in a group environment.

In each individual interview, two members of the research team were present; one person facilitated the interview and the other took detailed notes for subsequent analysis. The team collectively decided that having more than two researchers present in each interview would negatively impact participants' feelings of privacy and willingness to answer questions. The researchers also considered that the presence of their male colleague, Oscar, might affect certain women's comfort and openness. The team thus decided that Oscar would only join the interviews with the participants with whom he maintained a personal connection.

The researchers acknowledged that personal connections between participants and researchers could more generally affect the research, but it was a somewhat unavoidable situation; the small size of Algeciras, as well as its relative isolation, contributed to a strong sense of familiarity between many of the researchers and the research participants. In fact, drawing on personal connections was the only way to identify the relatively small number of women participants who identified as survivors of State-sponsored violence. To create a sense of objectivity within this environment and maintain an element of distance between the researchers and participants, Dillan was encouraged to take the lead in facilitating the interviews since she was the only team member who did not originate from or reside in Algeciras.

Adhering to PAR principles, the research team conducted interviews in locations chosen by each individual participant, where they felt comfortable sharing their personal stories and opinions. Most women were expressive when responding to the questions, which demonstrated the success of the interview set-up: the familiar location, small number of interviewers present, and questions that were clear and consistent. By the end of the two weeks in Algeciras, the researchers had conducted a total of ten individual interviews and one focus group with eight women.

Research Questions

The interviews were composed of nine questions. The session began with the researchers asking the interview questions, later transitioning to a conversation about the participant's personal stories and experiences. The researchers initially thought that people would not feel comfortable sharing their personal stories at the beginning of the exchange; however, they soon realized that many participants were more likely to elaborate on their answers following a personal exchange that did not involve the scripted research questions. After conducting approximately half of the interviews in the original manner, the researchers started asking broad questions about the person's story at the beginning of the session – whether they were born in Algeciras, about their family history, as well as some questions about their day-to-day lives. Following this initial conversation, the researchers asked participants about their experiences in Algeciras during the internal armed conflict with the FARC-EP, which led to the question-and-answer segment of the interview. The interview questions centered around the following six themes:

a. Personal conceptions/definitions of peace.
b. Level of knowledge about the Peace Agreement.
c. Perceptions of the reparations program.
d. Belief in the importance of psychosocial support.
e. Community transformation since the Peace Agreement.
f. How peace can be created in the community.

The following section presents the most important findings from the interview and focus group sessions. To protect the confidentiality of the women who were interviewed, pseudonyms replace individuals' real names in the analysis.

Data Presentation and Analysis

Theme #1: Personal Conceptions/Definitions of Peace

Participants were first asked about their own conceptions of peace; how each person defines peace ultimately informs their perceptions of how peaceful their communities and societies actually are.

For more than half of the women in the sample, peace signified "tranquility" and "harmony" in both the family and community. The shifting power dynamics and frequent confrontations between the State and the FARC-EP left Algeciras in a state of turbulence for most of the 20th century. One woman, whose husband was captured by the State and forced to serve in the army, explained that large-scale extortion was an economic burden that impoverished the community; the prevalence of corrupt businesses prevented money from being directed at developing the municipality economically (Int. 3, personal communication, January 21, 2019).

Many women shared their personal experiences with familial separation. This separation included physical separation from family members captured and forcibly recruited into the army or from children who were voluntarily sent to study in other towns to avoid violence in Algeciras and gain opportunities for a better future. This familial rupture extended beyond physical separation in many cases as it often also meant living with the void of not knowing the truth about loved ones who disappeared during the period of conflict.

For other women, peace was an internal concept that comes from within each person. A woman whose son survived the Massacre of the *Patrulleritos*, said that peace lives in one's heart; she called it "*la paz interior*" (internal peace). She further stated that having a sense of internal peace was the vehicle through which it can be transmitted to others (Int. 7, personal communication, January 24, 2019). This sentiment was echoed by another woman whose family members were arbitrarily murdered by soldiers of the State in the town of Balsillas in the municipality of San Vicente del Caguan; to her, peace means helping and providing for others (Int. 1, personal communication, January 21, 2019).

In contrast, other women thought of peace as something purely abstract and not based on inter- or intra-personal feelings or actions. A woman whose husband was captured in Operation Aurora, said that "*la paz se quede en la palabra*" (peace remains just a word), meaning it is indescribable and elusive (Int. 6, personal communication, January 23, 2019).

There was diversity in people's conceptions of peace, but overall, most women identified peace as a multi-faceted concept that could involve the self, the family, and the community. Importantly, no one in the sample referenced the Peace Agreement as a symbol of peace in their lives.

Theme #2: Level of Knowledge about the Peace Agreement

Subsequent interview questions focused on local knowledge of the Peace Agreement, a strong factor informing each person's perceptions of the agreement and resulting reparations process. This study seeks to understand more about the Peace Agreement's accessibility, particularly whether women in Algeciras know the benefits to which they were entitled, as well as how to access these benefits.

When asked about their knowledge of the Peace Agreement, the majority of women responded that they had heard about it, though were unaware of its components. A woman whose cousin was killed in the Massacre of the *Patrulleritos*, explained that she knew only that an agreement was signed between the Colombian government and the FARC-EP (Int. 2, personal communication, January 21, 2019). Most other women whom we interviewed expressed similar levels of familiarity with the Peace Agreement. The same woman further added that in her opinion, the Peace Agreement only related to the Colombian government and the FARC-EP and did not relate to the general public. Only two women interviewed knew specific details of the Peace Agreement; one woman knew about the "*JEP*" – the Special Jurisdiction for Peace – while another -- who was a member of the organization known as *AMUDELHUILA* (Association of Women Victims and Peacebuilders), knew about some reparations programs. *AMUDELHUILA*, one of the most active women's organizations in Algeciras, held training sessions for its members about the components of Peace Agreement.

The researchers noted that the women who seemed to have greater knowledge of the Peace Agreement belonged to organized groups for women survivors, such as AMUDELHUILA. Organized groups provide women with a support network and an opportunity to share their experiences with others. In these settings, women may also receive informal guidance when initiating their own reparations claims from individuals who previously accessed the reparations system through the Victims Law passed in 2011. Such training sessions have the potential to educate women about their rights within the Peace Agreement, but these sessions are infrequent; other organized women's groups in the region have not conducted trainings of the type that AMUDEDHUILA has for its members. One of the women interviewed emphasized that women need more capacity training with regard to accessing the reparations system, saying there is "*una falta de apoyo profesional y capacitación personalizada*" (lack of professional support and personalized training) in the municipality (Int 6, personal communication, January 24, 2019).

Those who did not belong to organized groups and thus received no training – representing the majority of women in Algeciras –

initially heard about the Peace Agreement through media outlets, such as broadcast television and radio news. They said that news reports regarding the Peace Agreement were frequent during ??. However, the women reported that the news included updates about the FARC-EP's demobilization, seats in Parliament, etc., but did not include information on how to apply for either collective or individual benefits outlined in the agreement.

Several women in the focus group discussion noted that the Peace Agreement itself is highly complex, very lengthy, and written in technical language that dissuades citizens from reading it. The intricate format of the Peace Agreement meant that many citizens needed local training sessions in order to understand it. Since such training has only occurred on a limited basis in Algeciras, many people have been unable to access rights which the Peace Agreement guarantees them. This issue is even more severe for people who are preliterate or who do not have access to the internet or television.

Theme #3: Perceptions of the Peace Agreement and Reparations Program

The Peace Agreement gained significant attention in the global media, having received overwhelming praise for "the hard work and cooperation of countless Colombian leaders and citizens" and the "sustained commitment to diplomacy and reconciliation" (The White House, 2016). The Peace Agreement itself is comprehensive, consisting of more than 300 pages, 5 sections, and 59 articles. The Peace Research Institute of Oslo called it "ambitious" (2018); however, as of 2019, only 23 percent of its provisions were fully implemented ("Peace Accord Implementation in Colombia," 2019). Since the agreement is still in its early stages of implementation, the few women in the sample who said they had received some form of reparation – either an economic or a psychosocial benefit –had actually been compensated based on the 2011 Victims Law, which provides the foundation for the reparations program within the Peace Agreement.

The next set of interview questions examined local perceptions of reparations, specifically whether participants thought that the national reparations program was sufficient and had the potential to contribute to peace. Responses to these questions generally reflected the level of knowledge that participants had about the Peace Agreement; participants who did not possess knowledge about the reparations program within the Peace Agreement often told us that they did not have an opinion on the topic. The researchers made note of whether participants said they had received any form of compensation, particularly since receiving any benefit could influence their perceptions of the reparations program.

When asked about the sufficiency of the reparations program, none of the women interviewed believed the system was adequate. This response was unanimous even among the five women interviewed who had received economic compensation and/or psychosocial support. Most women had a negative view of the Peace Agreement in general, saying that it was solely an economic agreement that was "*como un negocio*" (business-like). In the focus group, multiple women said that there was a significant gap between the written words and the actual implementation of the Peace Agreement; specifically, they noted that the promised development of community-wide programs was lacking or nonexistent.

Themes of mistrust about the reparations program and the larger Peace Agreement surfaced in multiple women's responses. Two women described their fear that violence could return at any point (personal communications, January 21 and 24, 2019), while another further remarked that the Peace Agreement is a "*pura mentira*" (pure lie) (Int. 2, personal communication, January 21, 2019). All women interviewed said that they felt that reparations in general were fundamental for building peace in Colombia, although none expressed satisfaction with the current arrangement. They also did not trust that the new government would continue supporting the peace process, or in some cases, carry out components of the Peace Agreement. One woman expressed worry about the future implementation of the reparations program because of its length and waning support from the Colombian government (Int. 10, personal communication, January 26, 2019). Most women expressed skepticism about the current government's support for the Peace Agreement, but they also said that governmental support was a necessity for building peace. They provided examples of needed government investment, such as community development projects, housing systems, education programs, and reparations.

Theme #4: Belief in the Importance of Psychosocial Support

The researchers also inquired about people's opinions of psychosocial support, which is an important form of reparation included in both the 2011 Victims Law and the Peace Agreement. Most women did not think that economic reparations alone were sufficient, and thus valued the inclusion of psychosocial support. However, many women said that there is only one psychologist in Algeciras, a municipality with more than 25,000 inhabitants. A woman whose uncle disappeared while serving in the army, said that it takes several months to schedule an appointment with the psychologist (Int. 4, personal communication, January 23, 2019). Only three women interviewed for the study had spoken to a psychologist; two only received support for a temporary period. A third, whose husband was killed by the State for being a suspected member of the FARC-EP, spoke to a psychologist for a period of one; however, she explained that due to the lack of psychologists in Algeciras, she had to travel to another town to receive psychosocial support and that the travel costs were a huge financial burden on her and her family (Int. 10, personal communication, January 26, 2019). The combination of costs associated with travel to other places and the lack of psychological support in Algeciras limits the availability of these benefits listed in the Peace Agreement.

All women who were interviewed conveyed their strong belief in the importance of psychosocial support in general; however, certain women said they did not themselves need to receive it. One interviewee said she did not believe that psychosocial support was important for her, considering that many years had passed since she experienced the trauma of her husband's capture. (Int. 6, personal communication, January 23, 2019). Another woman whose father was captured in Operation Aurora, also said she did not need psychosocial support, although said she would encourage her son to pursue psychosocial support due to the trauma of witnessing violent events as a child. She said that she had learned to live with the "*daño*" (damage) on her own as an adult, while the situation was severe for children who frequently witnessed violence without fully comprehending what was occurring (Int. 5, personal communication, January 22, 2019).

Theme #5: Community Transformation since the Peace Agreement

The 2016 Peace Agreement has led to significant changes in Algeciras. Many women noted that there is greater tranquility and unity in the town with less protests in the streets. Others spoke about living with less fear of impending eruptions of violence, even though they simultaneously described the peace as unstable. Many said they could not ignore the subtle violence that persisted through extortion, crime, and drug addiction. One said, "*Pasamos de la delincuencia del monte a la delincuencia común*" (We went from guerilla crime to common crime) (Int. 10, personal communication, January 26, 2019). Other women explained that the FARC-EP had implemented a system of *de facto* justice during its control of the region, having enforced strict rules that discouraged common crime such as robberies and public drug use; without guerilla control of the municipality, these problems became more widespread. The demobilization of the FARC-EP and its withdrawal from the region created a power vacuum that the State has not sufficiently fulfilled. The participants were not longing for a return to guerilla control, but instead were seeking greater attention and government capacity around the prevention of common crime.

Many women carry deep sadness over the loss of their family members. While admitting that the Peace Agreement was groundbreaking, One woman remarked that, "*Nunca es suficiente*" (it is never enough) (Int. 4, personal communication, January 23, 2019). All she wants is for her family to be together and to know what happened to her relatives who disappeared, a request that reparations ultimately cannot provide. Another similarly said that for these reasons, "*todavía no hay tranquilidad*" (there is still no peace) (Int. 2, personal communication, January 21, 2019).

Theme #6: Thoughts about the creation of peace in community

The final interview questions were more forward-looking and asked participants about the creation of peace in their community. In general, the majority of responses reflected themes of "positive peace" as described by Galtung (1996); "negative peace" refers to the cessation of direct violence, whereas positive peace focuses on mechanisms that transform social systems, restore relationships, ultimately maintaining the absence of all forms of violence (Galtung, 1996). Most women said that peace can be created by advancing social services, such as health, sanitation, and education that prepares youth for the workforce. Other women argued that investing in more opportunities for youth during their free time can help prevent crime and drug use, while others said that university completion was important so that people could start their own businesses and thus boost the local economy.

Some women considered the importance of electrical infrastructure, additional housing, and access to recreation centers to enhance community-wide peace. Despite skepticism in the government's commitment to uphold the Peace Agreement, certain women said they had high expectations for the provision of social services and other components of the agreement. One woman interviewed specifically said that "*El estado es el que debe generar empleo y mejorar la calidad de vida de la familia*" (The state is the one that must generate employment and improve the quality of life of the family) (Int. 2, personal communication, January 21, 2019). Another woman similarly mentioned that peace is built from the highest representatives in the country (Int. 7, personal communication, January 24, 2019). A third woman noted a disconnect between the State and its people, and expressed a need for greater governmental presence in Algeciras to help establish a more personalized and context-specific reparations program. She said that, "*El Estado o las personas que saben encargadas de eso deberían profundizar más en el tema, ir y mirar*" (The State or the people who are responsible for [the reparations] should go deeper into the subject, and come [to Algeciras] and see [what the people here need]) (Int. 3, personal communication, January 21, 2019). This is essential to create effective solutions that will address the conditions that are specific to this community.

Women who defined peace as an internal and more personal concept said that creating peace means starting in the home and making a commitment to reconnecting the family and instilling positive values, such as respect, equality, and tolerance. Following many years of violence and negative interactions within the community, many women said that building good relations among people, such as through teaching good manners, would be essential for fostering peace.

Conclusions

This chapter focuses on women's perceptions of peace and its connection to the reparations program within Peace Agreement; it specifically explores the perceptions of women survivors of direct violence against their close relatives perpetrated by the State. Most participants in this research conceptualized peace as "tranquility" and "harmony" within the home and in the community. For some of them, peace was an internal concept that resides in one's heart and can be transmitted to others; others thought of peace as something purely abstract – indescribable and elusive – and not based on inter- or intra-personal feelings and actions.

Most participants had heard about the Peace Agreement but were unaware of its details and potential benefits. Television and radio were the most common sources of information about the agreement; however, these sources did not provide any guidance on how to access the reparations. Women who are members of formal organizations displayed greater knowledge about the Peace Agreement due to their participation in training sessions conducted by their organization. This finding highlights the importance of developing more public trainings for people to help them understand what the Peace Agreement entails and how they can pursue rights entitled under the Agreement.

All participants said they believed that reparations were important, but did not consider the national reparation program to be sufficient. Most participants said they had not received any form of economic or psychosocial compensation. All participants expressed a belief that psychosocial support is fundamental for building peace, particularly for people who carry severe trauma and for those who witnessed violence as children; some even highlighted the challenges that arise from only having only one psychologist in a town of 25,000 people. Improving local services seemed to be a priority for the participants.

Many women said they had noticed palpable changes in Algeciras since 2016, such as greater tranquility and unity in the town, largely resulting from less violence and protests in the streets. Most participants said they considered this peace to be unstable since delinquency, crime, street violence, drug addiction, and social disorder increased exponentially after the FARC-EP demobilized and withdrew from the region. The participants were not longing for a return to guerilla control, but instead were seeking greater attention and government capacity around the prevention of common crime.

In order to foster peace, most women said they hoped for an advancement of social services, such as health and sanitation, education systems, and housing, as well as greater attention and capacity aimed at preventing common crime. Following many years of violence and familial separation, there is a need for building good relations among people and instilling positive values in the home and in the community. While participants expressed skepticism concerning the future of the Peace Agreement, most of them said they still expected the government to provide social services and uphold the reparations program.

References

ABC Medidas De Reparación Integral Para La Construcción De Paz. *Oficina Del Alto Comisionado Para La Paz.* Retrieved February 21, 2019, from www.altocomisionadoparalapaz.gov. co/Documents/informes-especiales/abc-del-proceso-de-paz/ abc-medidas-reparacion-integral-para-construccion-paz.html

Barry, Kathleen. (1979). *Female Sexual Slavery. Englewood Cliffs*, NJ: Prentice-Hall.

Colombia: Victims Law a Historic Opportunity. (2015). *Human Rights Watch.* https://www.hrw.org/news/2011/06/10/colombia-victims-law-historic-opportunity

Delgado, J. E. (2015). Colombian Military Thinking and the Fight against the FARC-EP Insurgency, 2002–2014. *Journal of Strategic Studies*, 38(6), 826-851. doi:10.1080/01402390.2015.1005610

Dunn, J. L. (2005). "Victims" and "Survivors": Emerging Vocabularies of Motive for "Battered Women Who Stay". *Sociological Inquiry*, 75(1), 1-30.

Firchow, P., & Ginty, R. M. (2013). Reparations and Peacebuilding: Issues and Controversies. *Human Rights Review*, 14(3), 231-239. doi:10.1007/s12142-013-0275-1

Galtung, J. (1996). Peace by peaceful means: Peace and conflict, development and civilization. Oslo, Norway: International Peace Research Institute Oslo; Thousand Oaks, CA, US: Sage Publications, Inc.

Garcia-Godos, J. (2008). Victim Reparations in Transitional Justice–What is at Stake and Why *NORDISK TIDSSKRIFT FOR MENNESKERETTIGHETER*, 26(2), 111-130. https://www. researchgate.net/publication/228389406_Victim_Reparations_ in_Transitional_Justice-What_is_at_Stake_and_Why

Informe Especial del Instituto Kroc y el acompañamiento internacional, ONU Mujeres, FDIM y Suecia, al seguimiento del enfoque de género en la implementación del Acuerdo

Final (pp. 5-45, Rep.). (2018). Kroc Institute for International Peace Studies.

Maguire, P. (1987). *Doing participatory action research: A feminist approach.* Massachusetts: University of Massachusetts Press.

Mills, T. (1985). The assault on the self: Stages in coping with battering husbands. *Qualitative Sociology*, 8(2), 103-123. doi:10.1007/bf00989467

Neédavies, M. L. (1997). "Survivors" and "victims": Long-term HIV positive individuals and the ethos of self-empowerment. *Social Science & Medicine*, 45(12), 1863-1873. doi:10.1016/s0277-9536(97)00124-x

Pain, R., Whitman, G., & Millede, D. (n.d.). *Participatory Research Action ToolKit: An Introduction to Using PAR as an Approach to Learning, Research and Action* (pp. 1-8). Retrieved February 20, 2019, from http://communitylearningpartnership.org/wp-content/uploads/2017/01/PARtoolkit.pdf

Participatory Action Research. (n.d.). Retrieved February 20, 2019, from https://www.participatorymethods.org/glossary/participatory-action-research

Peace Accord Implementation in Colombia Continues to Progress Two Years In (pp. 1-3, Rep.). (2019). Kroc Institute for International Peace Studies.

Picart, C. J. (2003). Rhetorically Reconfiguring Victimhood and Agency: The Violence Against Women Acts Civil Rights Clause. *Rhetoric & Public Affairs*, 6(1), 97-125. doi:10.1353/rap.2003.0035

Programas de Desarrollo con Enfoque Territorial (PDET). *Agencia de Renovación del Territorio.* Retrieved February 18, 2019, from http://www.renovacionterritorio.gov.co/especiales/especial_PDET/

Red Nacional De Información - RNI | Unidad Para Las Víctimas. *Unidad Para Las Víctimas,* Gobierno De Colombia. Retrieved February 18, 2019 from, https://www.unidadvictimas.gov.co/es/registro-unico-de-victimas-ruv/37394

Reparations. *ICTJ*. Retrieved February 21, 2019, from https://www.hrw.org/news/2011/06/10/colombia-victims-law-historic-opportunity

Rincón, N. & RESURPAZ (2018). Informe el Municipio de Algeciras como Víctima de Daño Colectivo (1948- 2018).

RESURPAZ (2018). Elementos Centrales que Permiten la Declaración de Víctima de Daño Colectivo al Municipio de Algeciras Huila.

Sharp, Dustin N. (2013). Beyond the Post-Conflict Checklist: Linking Peacebuilding and Transitional Justice Through the Lens of Critique. *Chicago Journal of International Law* 14 (1), 165–196.

Summary of Colombia's Agreement to End Conflict and Build Peace (Publication). (2016). Retrieved February 20, 2019, from Alto Comisionado Para la Paz: http://www.altocomisionadoparalapaz.gov.co/herramientas/Documents/summary-of-colombias-peace-agreement.pdf

The White House, Office of the Press Secretary. (2016). *Statement by the President on the Colombia Peace Agreement* [Press release]. Retrieved March 1, 2019, from https://obamawhitehouse.archives.gov/the-press-office/2016/08/25/statement-president-colombia-peace-agreement

Van Zyl, P. (2006). Promoting Transitional Justice in Post-Conflict Societies. In *Security governance in post-conflict peacebuilding*. A. Bryden, A. & H. Hänggi (Eds.), Geneva: Geneva Centre for the Democratic Control of Armed Forces.

United Nations Security Council. (2000). [Cong. Res. 1325 from District General Cong.].

Weber, S. (2018). From Victims and Mothers to Citizens: Gender-Just Transformative Reparations and the Need for Public and Private Transitions. *International Journal of Transitional Justice*, 12(1), 88–107. doi:10.1093/ijtj/ijx030.

3

Paz y Reparaciones: Percepciones de las Mujeres Sobrevivientes de las FARC-EP

Peace and Reparations: Perspectives of Women Survivors of the FARC-EP

Marinella Prada Cortez
Rocío del Pilar Maradiegue Alonso
Yessica Tatiana Motta
Wilson Sánchez
Mónica Toledo

Resumen

Basado en el debate del grupo focal con ocho participantes y once entrevistas individuales profundas, este estudio se centra en las mujeres sobrevivientes del conflicto armado en Colombia y explora cuatro temas específicos: percepciones de paz y lo que ella significa para las Algecireñas falta de oportunidades en Algeciras; sentimientos de escepticismo y confianza en el futuro del acuerdo de paz entre el gobierno colombiano y las fuerzas armadas revolucionarias de Colombia- Ejercito de pueblo (FARC-EP); y sentimientos de olvido y resentimiento contra las FARC-EP. Los hallazgos relacionados con estos temas trasmiten una imagen clara de la situación de las mujeres sobrevivientes de la guerrilla en un contexto de acuerdos posteriores a la paz, en el que se observan cambios positivos en la comunidad a pesar del fuerte sentimiento de escepticismo hacia el acuerdo de paz. Las mujeres creen que las reparaciones pueden contribuir a la paz, pero solo si proporcionan más que beneficios monetarios. Las mujeres sobrevivientes quieren ser capaces de sostenerse económicamente y así criar a sus hijos con oportunidades que estén libres de violencia y les permitan vivir en paz.

Introducción

Este capítulo discute los resultados de un estudio cualitativo diseñado para examinar las percepciones de los programas de reparación de las mujeres sobrevivientes a la violencia perpetrada por las FARC-EP. El énfasis en las reparaciones tiene por objeto evaluar como las mujeres sobrevivientes de la violencia de las FARC-EP ven la efectividad del acuerdo de paz en términos de contribución a la construcción de paz en su comunidad. Este estudio se basa en las experiencias de las mujeres y sus percepciones sobre los cambios en sus vidas y comunidades desde que el gobierno colombiano firmo el Acuerdo d Paz con las FARC- EP.

Este estudio cualitativo que se discute en este capítulo fue diseñado para ayudar a tomar conciencia de los desafíos que enfrentan las mujeres en Algeciras y para desarrollar la capacidad de los miembros de la comunidad como participantes activos en el proceso de construcción de paz. A través de interacciones y conversaciones, los investigadores trataron de identificar lo que las mujeres sobrevivientes sabían sobre los recursos que se les habían prometido a través del sistema de reparaciones y si pensaban que eran suficientes para ayudarlas a vivir en paz y traer la paz a sus comunidades. La investigación se llevó a cabo con la esperanza de contribuir a una sociedad más pacífica y mejorar la calidad de vida de las sobrevivientes y sus relaciones con otros medios de la comunidad.

Contexto

Históricamente Algeciras ha sido un punto central en la en la actividad de las FARC-EP ya que controlaban el municipio. Aunque las mujeres formaban parte de las FARC, también fueron atacadas como civiles. Las Mujeres han sido afectadas directa o indirectamente por las FARC en diversas maneras. Muchas experimentaron asesinatos, secuestros, extorsión, tortura o desaparición forzada de los miembros de su familia. (RESURPAZ, 2018, p. 11). Además, un gran número de mujeres fueron desplazadas forzosamente por las FARC-EP, donde el 58 por ciento de los 5.859 millones de desplazados internos registrados en Colombia son mujeres (Bouvier, 2016, p 4). Adicionalmente según el registro de víctimas de Colombia (2019), de los inscritos las mujeres constituyen más de la mitad del total de víctima, (4, 205,808) en comparación con los hombres (4, 196,516). Aunque el número de hombres y mujeres víctimas no es significativamente diferente, esto demuestra que ambos grupos se vieron altamente afectados por conflictos violentos y que las mujeres fueron la mayoría de los afectados.

El servicio militar obligatorio en Colombia para hombres mayores de 18 años, conllevo a que muchas familias se volvieran blanco de las FARC-EP simplemente por enviar a sus hijos a cumplir con el servicio militar, como expresaron algunas mujeres en la entrevista. Familias enteras se volvieron blancos, ya que las madres, tías y hermanas de hombres jóvenes que ingresaban a las fuerzas militares tenían que soportar la carga de las acciones de sus hijos, sobrinos y hermanos. De acuerdo con el artículo 216 de la Constitución Política de Colombia:

Todos los ciudadanos colombianos están obligados a tomar las armas cuando la necesidad pública lo exija para defender la independencia Nacional y las instituciones públicas. La ley determinara en todo momento las condiciones que califican a un individuo para la exención del servicio militar y los beneficios ellos (2019).

Debido a que las FARC consideraban al estado como su enemigo, cualquier afiliación a las fuerzas del Estado, podía poner a individuos o familias enteras en riesgo de violencia (RESURPAZ, 2018, p. 60). La gente de Algeciras experimento violencia de todos las partes durante 40 años.

Marco Conceptual

Reparaciones

Las reparaciones tienen la capacidad de contribuir en la construcción de paz, permitiéndole a las sociedades asumir los acontecimientos pasados, asi como los acontecimientos presentes y futuros que puedan estar determinados por el pasado. La historia reciente de Colombia se ha caracterizado por la violencia masiva perpetrada por diversos actores, lo que llevo a adoptar un enfoque centrado en las victimas para afrontar el pasado. Así el acuerdo de paz entre el gobierno colombiano y las FARC-EP tiene un fuerte énfasis en la justicia transicional, las reparaciones y la justicia restaurativa como métodos para lograr mayores niveles de paz para todos. Como escribe Pearson (2017).

Ciertamente el acuerdo de paz recientemente firmado acepta que la justicia restaurativa es un paradigma apropiado en el contexto de la transición colombiana en la medida en que facilita una respuesta constructiva de reparación por parte de los delincuentes a sus víctimas, aunque sea a las víctimas o a la sociedad en general (p. 293).

Debido a la naturaleza del conflicto en Colombia, un sistema fuerte de reparaciones para solos sobrevivientes y aquellos que perpetraron la violencia puede contribuir a que las sociedades sean más pacíficas, permitiendo que los sobrevivientes y los perpetradores reestablezcan las relaciones rotas y comiencen a coexistir pacíficamente. Este estudio fue diseñado específicamente para explorar como se pueden abordar las reparaciones de manera que incorporen las perspectivas de personas que han vivido el conflicto en diferentes maneras con el fin de crear y construir una sociedad más pacífica.

Existen diferentes tipos de reparación para los sobrevivientes. Chavarría (2010) explora las expectativas de los colombianos en materia de reparaciones antes de las negociaciones con las FARC –EP en 2012. Basado en sus hallazgos, 49.3% de los participantes esperaban reparaciones materiales, 23.9% esperaban reparaciones simbólicas mientras que el 26.7% restante , esperaban otras formas de reparación tales como atención psicosocial, apoyo para proyectos productivos y disculpas públicas (p. 640-641). Este estudio contribuye a la literatura y a la investigación sobre el tema, centrándose en esas percepciones y expectativas en torno las reparaciones con un acuerdo de paz en marcha. Añade una perspectiva más reciente de como los colombianos fuera de la capital, Bogotá, en un municipio en particular ,fuertemente afectado por la violencia, ven las reparaciones y el acuerdo de paz y como estos componentes podrían contribuir a la paz en su comunidad.

Reconocimiento de la victimización relacionada con el conflicto

El acuerdo de paz incluyo un enfoque centrado en los sobrevivientes y sensible al género a lo largo de sus seis puntos. Antes del acuerdo, la ley 1448 era la única herramienta legal para los sobrevivientes de la violencia y significaba por primera vez que el gobierno Colombiano reconocía el conflicto armado en el país. La ley 1448 define como víctima a cualquier persona que ha sufrido de daño debido a las serias violaciones en contra de los derechos humanos y el derecho internacional humanitario, desde el 01 de Enero de 1985. Ejemplo de victimización incluyen pero no se limitan a: homicidios, tortura, secuestro, desaparición forzada, enfrentamientos y lesiones causadas por minas antipersona (Amnistía International, 2012). De acuerdo con Galtung (1969), esta ley reconoce "la violencia directa" como actos que amenazan la capacidad de las personas para satisfacer sus necesidades básicas (p. 292). El gobierno argumento que abordar estos tipos de era un esfuerzo para construir la Paz. La ley fue un peldaño hacia una plataforma más amplia que incluía un enfoque similar en el acuerdo de paz.

Acuerdo de paz

El objetivo del Acuerdo de Paz es curar a los colombianos de las heridas causadas por el conflicto. Prueba de ello son los sistemas creados por el acuerdo, como el Consejo Nacional de Reconciliación y convivencia; la comisión de la verdad, la convivencia y la no repetición; y el sistema integral de verdad, justicia, reparación y no repetición (SIJVRNR). Estos sistemas tienes por objetivo garantizar la rendición de cuentas y la participación de víctimas y perpetradores en todo el SIVJRNR (acuerdo final, 2016).

El SIVJRNR tiene dos formas de distribuir las reparaciones: individual o colectivamente. Las mujeres sobrevivientes de las FARC- EP tendrían más probabilidades para calificar del proceso colectivo porque tienen familiares que comparten la misma característica de victimización o que se han convertido en sobrevivientes debido a la violencia en contra de sus familiares. El acuerdo de paz incorpora principalmente la perspectiva de género a través de sus seis puntos y enfatiza en la importancia de centrar el acuerdo en los sobrevivientes, así como en los excombatientes de las FARC-EP que se han desmovilizado, desarmado y reintegrado a la sociedad. Como se observa en el acuerdo de paz en cuanto a la finalidad del fondo de Tierras para la distribución gratuita de tierras para las comunidades rurales que no las poseen o no tienen la suficiente, se dará prioridad a las trabajadoras agrícolas, a las mujeres rurales, mujeres cabezas de familia y personas desplazadas (resumen del acuerdo final para poner fin al conflicto armado y construir una paz estable y duradera, 2016, pág. 7). El sistema de reparaciones también incluye la participación de excombatientes de las FARC-EP de modo que el sistema puede actuar en forma de construcción de paz entre las víctimas y los perpetradores de violencia. Es importante anotar que después de la firma del acuerdo, las FARC-EP cambiaron su nombre a FARC, un partido político con el mismo acrónimo pero con un nombre subyacente diferente, que significa *Fuerzas Alternativa Revolucionaria del Común.*

Metodología

La investigación fue llevada a cabo como caso de estudio de una población especifica; mujeres sobrevivientes de la violencia perpetrada por las FARC-EP en Algeciras. Esta población y alcance geográfico relativamente limitado fueron elegidos, en parte para que todo el estudio pudiera llevarse a cabo durante una visita de campo de dos semanas. Algeciras fue escogida dado su historia como uno de los municipios más afectados por la violencia durante el conflicto armado entre el Estado y las FARC-EP (RESURPAZ, p. 7).

El equipo de investigación eligió para el estudio mujeres sobrevivientes de la violencia cometida por las FARC-EP porque las mujeres experimentan la guerra y el conflicto armado de forma diferente a los hombres debido a las desigualdades de género como ser blanco de los actores armados por el simple hecho de ser mujeres (Resolución 1325, 2000, UNSC). Otra de las razones del equipo para elegir este enfoque es que más de la mitad de los 5 millones de desplazados internos registrados por el gobierno colombiano son mujeres. (Bouvier, 2016, p. 4). El acuerdo de paz tiene un enfoque de género y señala los impactos de género de los conflictos violentos, particularmente en las mujeres. El acuerdo también le da prioridad a la restitución de tierras para ciertos grupos como las mujeres rurales, mujeres cabeza de familia y personas desplazadas (Acuerdo Final, 2016).

Este estudio no pretende hacer una revisión de los sucesos pasados, sino una oportunidad para que la gente de Algeciras mire hacia el futuro, teniendo en cuenta sus experiencias. Esta investigación tiene como objetivo contribuir a una mejor comprensión de como los diferentes procesos de reparación afectan las percepciones de las mujeres sobrevivientes sobre el proceso de paz. El estudio fue llevado a cabo de acuerdo con los principio de la investigación acción participativa (IAP), porque los investigadores consideraron que era esencial para incluir a sus participantes como investigadores al explorar sus propias experiencias. Los investigadores de la ESAP mismos son víctimas del conflicto armado y su participación en todas las fases de la investigación contribuye a la IAP. Nuestra meta ha sido incluir a la comunidad en todo el proceso de investigación y aprendizaje y priorizar la construcción de un entendimiento de las necesidades y deseos de las comunidades junto con nuestros socios locales de investigación de la ESAP. Como escribe Pant (2004), "la investigación participativa es una actividad integrada que combina investigación social, trabajo educativo y acción".

Al llevar a cabo una investigación acción participativa nos propusimos evitar generalizaciones peligrosas y limitar el efecto de los prejuicios que podamos tener como personas ajenas a Colombia y a su conflicto armado. Para alcanzar esta meta, todas las interacciones que tuvimos con los miembros de la fueron exclusivamente como participantes entrevistados y como miembros del grupo de investigación de las ESAP quienes también se desempeñaron como entrevistadores.

Este estudio cualitativo tomo la forma de un grupo focal de discusión y once entrevistas individuales con mujeres que se identificaron como sobrevivientes de las FARC-EP. Algunas de estas mujeres eran miembros de asociaciones de mujeres víctimas, sin embargo, otras no formaban parte de ninguna asociación. Muchas no pertenecen a ninguna asociación por miedo, así como porque pueden causar alguna división entre los sobrevivientes del conflicto. Algunas de estas mujeres pertenecieron antes a asociaciones pero las abandonaron debido al costo económico de pertenecer a ellas. El equipo d investigación dirigió el grupo focal con ocho mujeres e hizo preguntas generales para evaluar cómo se sentían sobre la paz y el Acuerdo de Paz. Después del grupo focal, se hicieron ocho entrevistas individuales con las mujeres que participaron en el grupo focal, así como con otras tres mujeres que no participaron de él. La entrevista se llevó a cabo en las casas de las mujeres ya que ellas manifestaron que allí se sentirían más cómodas y seguras.

Uno de los retos de llevar a cabo la IAP con miembros de la comunidad como investigadores fue la necesidad de establecer un ambiente cómodo y confidencial. Por ejemplo, uno de los investigadores locales era hombre, y se observó que algunas mujeres no se sentían cómodas compartiendo sus opiniones o experiencias en la presencia de un hombre, especialmente con las historias relacionas con abuso sexual y de género. Aunque el enfoque de la investigación no se centró en las historias de victimización, varias participantes optaron por compartir historias que incluyen información delicada sobre violencia sexual y de género como una forma de explicar sus opiniones. Al final el equipo de investigación decidió realizar las entrevistas en su mayor parte solo con mujeres presentes.

Un desafío adicional que experimentamos a lo largo de la investigación fue el uso del lenguaje y la terminología especifica relacionada con el proceso de paz que los participantes no entendían. Durante los debates del grupo focal y las entrevistas, notamos que cada vez que preguntábamos sobre "reparaciones" no recibíamos una respuesta o reacción. A menudo nos encontramos explicando y dando ejemplos de lo que eran las reparaciones ya fueran monetarias, simbólicas, individuales o colectivas. Una vez les proporcionamos los ejemplos, los participantes podían compartir sus perspectivas y opiniones más abiertamente. Estas explicaciones ayudaron a los participantes a entender el contenido y significado del proceso de reparación en lugar de simplemente escuchar palabras que no conocían.

Preguntas de investigación

Este estudio se centra en el futuro de la gente en Algeciras en un contexto posterior al acuerdo de paz. Las preguntas de investigación se centraron en la construcción de paz en comunidad, así como en los esfuerzos para establecer una base de conocimiento sobre el acuerdo de paz y el sistema de reparaciones creado por este. Se espera que esta investigación pueda servir de base para las mujeres sobrevivientes de las FARC-EP en toda Colombia puedan hacer oír sus voces y animarlas a expresar su punto de vista sobre la paz, el propio acuerdo de Paz y las reparaciones que quieren y necesitan para vivir en paz.

Las preguntas centrales de investigación que este estudio exploro son:

1. ¿Qué nivel de conocimientos tienen las mujeres sobrevivientes de las FARC, sobre las reparaciones a las que tienen derecho en virtud del acuerdo de paz? ¿Contribuyen estas reparaciones a la paz?
2. ¿Cómo defines las mujeres sobrevivientes de las FARC-EP definen la paz? ¿Qué significa la paz para ellas?
3. ¿Las mujeres sobrevivientes de las FARC-EP, han visto algún cambio en su comunidad desde la firma del Acuerdo de paz?

Hallazgos

A lo largo del grupo focal y las entrevistas surgieron varios temas recurrentes; percepciones de paz y lo que significa para las mujeres Algecireñas; falta de oportunidades y conocimientos en Algeciras; sentimiento de escepticismo o falta de confianza en el futuro del proceso de paz entre el gobierno Colombiano y las FARC- EP, y; sentimientos de perdón o resentimiento hacia las FARC-EP. Dado que el equipo de investigación entrevisto a 11 mujeres en un municipio con 25,000 habitantes, es importante anotar que esta muestra no es representativa de todo el municipio.

El 63 por ciento de las mujeres entrevistadas no pertenecían a ninguna asociación; siete de las once participantes habían recibido algún tipo de reparación como sobrevivientes del conflicto armado. Estas reparaciones incluyen ayuda monetaria para iniciar pequeños negocios, así como pollos para iniciar un negocio secundario de venta de huevos. Una crítica de los participantes fue que las reparaciones no incluían capacitación formal sobre cómo mantener una empresa en funcionamiento o hacerla sostenible.

Percepciones de paz y lo que significan para las Algecireñas

Desde la firma del acuerdo de paz, ha habido cambios en Algeciras. Muchas mujeres describieron estos cambios como una Algeciras más "libre", "tranquila" y en "calma". Esta sensación de paz, sin embargo no elimino todos los sentimientos de temor sobre el futuro. Una mujer que había sido miembro de una asociación de víctimas dijo que estaba "insegura sobre el acuerdo de paz" pero satisfecha con la "tranquilidad en el pueblo y que los niños estaban tranquilos y van a la escuela" (Ent. 1, comunicación personal, Enero 21, 2019).

Las mujeres compartieron visiones diferentes de lo que la paz significa para ellas, una mujer explico:

Nacimos con paz dentro de nosotros, y luego la violencia llego a Algeciras. No estamos resentidos, sabemos cómo vivir en paz, y queremos que las futuras generaciones vivan con la paz que nosotros nacimos. (Ent. 3, comunicación personal Enero. 23, 2019).

Otra mujer dijo, la paz es "donde esto no es la guerra" comienza en casa. La paz es para todos y debe estar donde quiera que vallamos, donde la gente pueda vivir y compartir con los demás" (Ent. 5, comunicación personal, Enero 19, 2019). Del mismo modo los participantes compartieron que la paz puede ser creada a nivel de la comunidad, si hay perdón, primero individual y luego colectivamente.

A pesar de expresar su creencia en la posibilidad de paz, algunas mujeres expresaron que desconfían en el acuerdo de paz y dudaron que trajera paz a Colombia. Una participante dijo "solo Dios puede traernos paz. No hay paz posible en este país". Cuando se le pregunto cómo recibe su información sobre el acuerdo de paz, ella dijo, "se poco, pero lo que se es de mi asociación. No creo en nada de eso. No hay paz". (Ent. 7, comunicación personal, enero 2019). Aunque hay desconfianza en el acuerdo de paz, todos los participantes definieron la paz de forma similar, sobre todo con un enfoque en Dios trayendo la paz.

Falta de oportunidades en Algeciras

Las opiniones sobre la paz de las participantes a menudo estaban asociadas con la falta de oportunidades en Algeciras. Cuando se les pregunto cómo se podría crear la paz desde sus comunidades, la mayoría de las mujeres hablo sobre la falta de oportunidades en su pueblo. Como ejemplos de cómo se construiría paz en la comunidad, los participantes mencionaron proyectos sostenibles, apoyo psicosocial (con un fuerte énfasis en visitas domiciliarias), la apertura de más parques e instalaciones recreativas para las familias, pequeños negocios y más opciones educativas en la ciudad. Una mujer dijo:

> Necesitamos más apoyo del gobierno, seguimos diciendo "el gobierno esto" o los "militares aquello"… necesitamos escuelas, solo necesitamos apoyo para que la situación mejore. Las comunidades pueden crear negocios, deportes cultura, microempresas. Que tiene el tiempo en sus manos y con más opciones, habrá más paz. (Ent. 9, comunicación personal, Enero 24, 2019).

Los participantes sugirieron que las reparaciones útiles para ellos podrían venir en forma de microempresas y educación. Una mujer dijo que estaba esperando las reparaciones y que le me gustaría "estudiar matemáticas en la universidad porque siempre le encantaron las matemáticas pero no pude seguir estudiando porque tuve que irme de Algeciras" (Ent. 10, comunicación personal, Enero 23, 2019).

La evidente falta de oportunidades en Algeciras parecía estar relacionada con los bajos niveles de conocimiento sobre el acuerdo de paz y qué podía significar para ellos como sobrevivientes del conflicto. Una mujer enfatizo que la ausencia de información sobre el acuerdo era una limitación para las mujeres, diciendo "necesitamos estar conscientes y ser capaces de hablar unas con otras sobre nuestras opiniones" (Ent. 10, comunicación personal, Enero 23, 2019).

Sentimientos de escepticismo y confianza en el futuro del Acuerdo de Paz entre el gobierno Colombiano y las FARC-EP

Pocas participantes parecían convencidas que el gobierno colombiano cumpliría con sus intenciones del acuerdo de Paz. No todas las mujeres quieren el mismo apoyo o reparación por parte del gobierno o las FARC-EP, sin embargo, todas ellas quieren ayuda. La falta de confianza en el gobierno es un tema común que surgió durante las entrevistas. Una participante dijo:

> Estamos lejos de la paz prometida en el acuerdo. ¿Dónde está la promesa al pueblo Colombiano? El gobierno no es serio debido al reciente ataque a la escuela General Santander en Bogotá. ¿Dónde está alias "El Paisa" (un alto comandante de las FARC- EP)? (Ent. 11, Comunicación Personal, Enero 19, 2019).

Otra participante dijo que era ambivalente en cuanto a la participación de las FARC-EP en el sistema de reparaciones porque "ellos tienen derecho a sentir remordimiento por lo que hicieron, deberían ayudar simbólica o monetariamente porque saben lo que han hecho" (Ent. 1, comunicación personal, Enero 21, 2019). La mayoría de las mujeres expresaron cierto escepticismo sobre la participación de las FARC en el sistema de reparaciones.

Esta indicación indica que hay una falta de conocimiento sobre el acuerdo de paz. Cinco de las once mujeres entrevistadas recibieron proyectos empresariales del gobierno pero no estaban al tanto de otros beneficios que podían recibir como la posibilidad de poder avanzar en su educación o acceder a Apoyo psicosocial. Tampoco eran conscientes de que estas oportunidades provenían de lo que se acordó en el acuerdo de paz.

Las participantes no habían tenido acceso al apoyo psicosocial a menos de que lo solicitaran ellos mismos. Una mujer, de cuarenta años de edad, con tres hijos, fue desplazada y se trasladó a Cali, una ciudad a más de 160m kilómetros de Algeciras, donde pudo encontrar una psicóloga infantil para su hija, que estaba sufriendo de un trauma como resultado de su salida de Algeciras, no existe tal asistencia en Algeciras, afirmo la participante. Desde que su familia regreso a Algeciras no ha recibido más apoyo. La mujer afirmo que no creía que las reparaciones fueron suficientes, dijo, "nada repara lo que hemos vivido, el dinero no es suficiente". "Siempre somos vulnerables y tuvimos que empezar nuestras vidas desde cero". Cuando se le pregunto si era útil que los psicólogos estuvieran disponibles en Algeciras, dijo, "puede ayudar hablar de lo que paso, especialmente para mí y los niños". (Ent. 10, comunicación personal, Enero 23, 2019).

Otra mujer que participo en una terapia de conversación con un psicólogo mientras estaba desplazada y viviendo en Neiva, la capital del Huila, dijo, "tener un psicóloga me ayudó mucho. Me ayudo a hablar de lo que me paso y me ayudo a hablar con ustedes ahora mismo, porque antes no podía hablar de lo que me paso". (Ent. 1, comunicación personal, Enero 21, 2019). Nueve de las participantes dijeron que aceptarían ayuda psicosocial si se las ofrecieran en sus casas.

Sentimientos de perdón y resentimiento hacia las FARC

La mayoría de las entrevistadas estuvieron de acuerdo que las FARC deberían participar en el sistema de reparaciones. Sin embargo, dos mujeres expresaron su firme oposición a que las FARC se reintegran en la sociedad. Estos sentimientos fueron expresados en dos maneras. Una mujer de 40 años dijo, "no se quien hizo que", así, ¿quién puede odiar? También dijo: "la ayuda debe ser para las víctimas a menos que los miembros de las FARC que reciban ayuda, contribuyan a la paz, entonces yo estoy de acuerdo" (Ent. 10, comunicación personal, Enero 23, 2019). Otra participante de 55 años de edad, dijo que sería bueno para los miembros de las FARC- EP participar en las reparaciones porque "muchas personas quieren saber si están siendo sinceros. Que remos saber si no son hipócritas y también quieren la paz", (Ent. 4, comunicación personal, Enero 22). Otra participante que recibió compensación monetaria compartió sus sentimientos hacia las FARC, diciendo." Ellos deben participar porque saben quién es víctima y quien no" (Ent. 13, comunicación personal, Enero 23, 2019). Una participante, sin embargo expreso que ella no cree en el Acuerdo de paz porque "no cree que están involucrados voluntariamente" (Ent. 7, comunicación Personal, Enero,

2019). Otra participante dijo que creía que "los excombatientes recibirán los beneficios, no nosotros. De cualquier manera no son suficientes"" (Ent. 8, comunicación personal, Enero24, 2019). Otra participante que recibió reparaciones monetarias compartió sentimientos similares diciendo "yo no creo que las FARC se desarmen realmente. Todavía quieren poder. También creía que solo las FARC recibiría beneficios y muy pocas victimas lo harían" cuando se mencionaron las reparaciones, dijo, "yo estoy al tanto de las reparaciones y creo que es solo una forma para que el gobierno maneje el dinero. No creo que sea un acuerdo de paz, es solo un acuerdo económico, merecemos lo justo, por ejemplo apoyo psicosocial" (Ent. 49, no miembro de una asociación, comunicación personal. Enero 24, 2019).

I. Conclusión

Muchas mujeres sobrevivientes de las FARC- EP en Algeciras compartieron percepciones similares de paz, reparaciones, el acuerdo de paz y el futuro de Algeciras. Enfatizaron en que la falta de oportunidades, que parecía estar relacionada con la falta de conocimiento sobre el acuerdo de Paz y los posibles beneficios para ellas. La mayoría de las mujeres no pertenecían a asociaciones y solo dos habían pertenecido a una. Sin embargo, tuvieron que dejarlas debido a las cuotas relacionadas con pertenecer a una (Ent. 1, comunicación personal, Enero 21, 2019). Las mujeres sobrevivientes quieren recibir reparaciones, pero desean que estas sean sostenibles y les permitan ser autosuficientes, que no sean solamente pagos financieros. Las participantes una fuerte necesidad de que el gobierno haga un mejor trabajo educando a las mujeres sobrevivientes sobre el acuerdo de paz y las reparaciones a las que tienen derecho. Basados en las respuestas de las participantes pareciera que dicha educación crearía más confianza en el acuerdo de paz.

Todas las mujeres entrevistadas vivieron durante toda su vida la realidad del conflicto armado, sin embargo, la mayoría de ellas expresaron sus esperanzas y anhelo de vivir en paz. Parecían estar buscando señales de un futuro mejor. Como manifestó una de las participantes, "la construcción de un nuevo edificio de apartamentos cerca de donde vivo, trae esperanza y libera del dolor y de las heridas a la gente de la ciudad. (Ent. 11, comunicación Personal, Enero 19, 2019). A pesar de los sentimientos encontrados hacia el futuro del acuerdo de paz, incluso los pequeños avances son interpretados para significar que se está produciendo un cambio en la comunidad y en toda Colombia en general.

Referencias

Amnistía Internacional. (2012). COLOMBIA: LAS VÍCTIMAS Y LA RESTITUCIÓN DE TIERRAS. Extraído de https://www.refworld.org/pdfid/4f99029f2.pdf.

Bouvier, V. (2016). EL GÉNERO Y EL PAPEL DE LA MUJER EN EL PROCESO DE PAZ EN COLOMBIA. Extraído de http://www.unwomen.org/-/media/headquarters/attachments/sections/library/publications/2017/women-colombia-peace-process-en.pdf?la=ens=17.

Chavarría, A. (2010). Justicia transicional y reparación a las víctimas en Colombia / Transitional justice and reparation for victims in Colombia. *Revista Mexicana De Sociología, 72*(4), 629-658. Obtenido de http://www.jstor.org.proxy.library.nyu.edu/stable/25769913.

Constitución Colombiana. (2019). Artículo 216. Extraido de http://www.constitucioncolombia.com/titulo-7/capitulo-7/articulo-216.

Dunn, J. L. (2005). "Victims" and "Survivors": Emerging Vocabularies of Motive for 'Battered Women Who Stay'. *SOCIOLOGICAL INQUIRY*, (1), 1. Extraído de http://proxy.library.nyu.edu/login?url=http://search.ebscohost.com/login.aspx?direct=true&db=edsbl&AN=RN160511230&site=eds-live.

Final Agreement to End the Armed Conflict and Build a Stable and Lasting Peace. (2016). Extraído de http://especiales.presidencia.gov.co/Documents/20170620-dejacion-armas/acuerdos/acuerdo-final-ingles.pdf.

Johan Galtung, "Cultural Violence" in *Journal of Peace Research*, Vol. 27, No. 3. (Aug, 1990), pp. 291-305.

http://opev.org/wp-content/uploads/2018/07/GALTUNG-Johan.-Cultural-Violence.pdf.

Leisenring, A. (2006). Confronting "Victim" Discourses: The Identity Work of Battered Women. *Symbolic Interaction, 29*(3), 307-330. doi:10.1525/si.2006.29.3.307.

Pant, M. (2004). *Nomads, the marginalized citizens* (pp. 91-104). New Delhi: PRIA.

Pearson, A. (2017). Is restorative justice a piece of the Colombian transitional justice puzzle?. *Restorative Justice*, *5*(2), 293-308. doi: 10.1080/20504721.2017.1343419.

Summary of the Final Agreement to End the Armed Conflict and Build a Stable and Lasting Peace (2016). Extraido de http://www. altocomisionadoparalapaz.gov.co/herramientas/Documents/ summary-of-colombias-peace-agreement.pdf.

United Nations Security Council Resolution (UNSCR) 1325, *Women, Peace and Security*, S/RES/1325 (2000), Extraido de http://www.un.org/ga/search/view_doc.asp?symbol=S/ RES/1325(2000).

Registro de Victimas de Colombia. (2019). Extraído de https:// www.unidadvictimas.gov.co/es/registro-unico-de-victimas- ruv/37394.

Abstract

Based on a focus group discussion with eight participants and 11 in-depth individual interviews, this study focuses on women survivors of Colombia's violent conflict and explores four particular themes: perceptions of peace and what it means to Algecireñas; lack of opportunities in Algeciras; feelings of skepticism or trust in the future of the Peace Agreement between the Colombian government and the Fuerzas Armadas Revolucionarias de Colombia - Ejército del Pueblo (FARC-EP); and feelings of forgiveness and resentment towards the FARC-EP. Findings related to these themes conveyed a clear picture of the situation for women survivors of the guerrilla in a post-peace agreement setting, where positive changes are being seen in the community despite a strong sense of skepticism towards the Peace Agreement. Women believe that reparations can contribute to peace, but only if they provide more than monetary assistance. Women survivors want to be able to sustain themselves economically and by doing so, raise their children with opportunities that are free of violence and enable them to live in peace.

Introduction

This chapter discusses the results of a qualitative study designed to examine the perceptions of the reparations program by women survivors of violence committed by the FARC-EP. The focus on reparations is meant to assess how women survivors of FARC-EP violence view the effectiveness of the Peace Agreement in terms of contributing to peacebuilding in their community. This study is grounded in these women's experiences and their perceptions of changes in their lives and communities since Colombian government and the FARC-EP signed the Peace Agreement.

The qualitative study discussed in this chapter was designed to help raise awareness of the challenges faced by women in Algeciras and to build the capacity of community members as active participants in the peacebuilding process. Through interactions and conversations, the researchers aimed to identify what women survivors knew about the resources promised to them through the reparations system and if they thought they were sufficient to help them live in peace and bring peace to their community. The research was undertaken in the hope of contributing to a more peaceful society and enhancing survivors' quality of life and relationships with other community members.

Context

Historically, Algeciras has been a focal point of FARC-EP activity as they controlled the municipality. Although women formed part of the FARC-EP, they were also targeted and attacked as civilians. Women have been directly and indirectly affected by the FARC-EP in various ways. Many experienced murder, kidnapping, extortion, torture, or forced disappearances of family members (RESURPAZ, 2018, p. 11). Also, large numbers of women have been forcefully displaced by the FARC-EP, where 58 percent of the 5.859 million registered internally displaced persons in Colombia are women (Bouvier, 2016, p. 4). Additionally, according to the Victims Registry of Colombia (2019), of those registered, women make up more than half of the country's total victims, (4,205,808) as compared to men (4,196,516). Although the number of men and women victims is not significantly different, it demonstrates that both groups were highly affected by violent conflict and that women were the majority of those affected.

Colombia's mandatory military service for men aged 18 and older led to many families being targeted by the FARC-EP simply for sending their sons to serve military time, as expressed by some of the women interviewed. Entire families became targets as mothers, aunts, and sisters of young men entering the military would bear the burden of their sons', nephews' and brothers' actions. According to Article 216 of the Colombian Constitution:

> All Colombian citizens are obligated to take up arms when public need mandates it in order to defend national independence and the public institutions. The law will determine the conditions which at all times qualify an individual for exemption from military service and the benefits for service in them (2019).

Because the FARC-EP considered the State to be its enemy, any affiliation with state forces could put individuals or families at risk of violence (RESURPAZ, 2018, p. 60). The people of Algeciras experienced violence from all sides for over 40 years.

Conceptual Framework

Reparations

Reparations have the ability to contribute to peacebuilding by enabling societies to come to terms with past events, as well as the present and future events that may be shaped by the past. Colombia's recent history, characterized by mass violence perpetrated by a variety of actors, led it to adopt a victim-centered approach to dealing with the past. Thus, the Peace Agreement between the Colombian government and the FARC-EP has a strong emphasis on transitional justice, reparations, and restorative justice as methods of achieving higher levels of peacefulness for everyone. As Pearson (2017) writes:

> Certainly the recently signed Peace Agreement accepts that restorative justice is an appropriate paradigm in the Colombian transitional context insofar as it facilitates a constructive reparation response by offenders to victims, albeit to victims and society in general (p. 293).

Because of the nature of conflict in Colombia, a strong reparations system for survivors and those who perpetrated violence can contribute to more peaceful societies by allowing survivors and perpetrators to restore broken relationships and begin to co-exist peacefully. This study was designed specifically to explore how reparations might be approached in ways that incorporate the perspectives of people who have lived conflict in different ways in order to create and rebuild a more peaceful society.

Different types of reparations for survivors exist. Chavarría (2010) explored the expectations of Colombians in terms of reparations before negotiations with the FARC-EP started in 2012. Based on his findings, 49.3 percent of participants expected material reparations, 23.9 percent expected symbolic reparations while the remaining 26.7 percent expected other forms of reparations such as receiving psychosocial attention, support for productive projects and public apologies (p. 640-641). This study contributes to the literature and the research on this topic by focusing on these perceptions and expectations around reparations with a peace agreement already in place. It adds a more recent perspective about how Colombians outside of the capital city of Bogotá, in a particular municipality heavily affected by violence, view reparations and the Peace Agreement and how these components could contribute to peace in their community.

Recognition of Conflict-Related Victimization

The Peace Agreement included a survivor-centered and gender-sensitive approach all throughout its six points. Prior to the agreement, Law 1448 served as the only legal tool for survivors of violence and signified the first time the Colombian government had acknowledged armed conflict in the country. Law 1448 defines a victim as any person who suffered any type of damage, due to serious violations of international human rights law and international humanitarian law, since January 1, 1985. Examples of victimization included but were not limited to: homicide, torture;,kidnapping, forced disappearance, confrontations, and injuries resulting from antipersonnel mines (Amnesty International, 2012). According to Galtung (1969), this law recognizes "direct violence" as acts that threaten a person's ability to meet basic needs (p. 292). The government argued that addressing these types of violence was an effort to build peace. The law was a stepping stone toward a broader platform that included a similar approach in the Peace Agreement.

Peace Agreement

The Peace Agreement aims to heal Colombians from the wounds they suffered during the armed conflict. Evidence of this intention can be seen in systems created by the agreement such as the National Council for Reconciliation and Coexistence; Truth, Coexistence and Non-Repetition Commission; and the Comprehensive System for Truth, Justice, Reparation, and Non-Repetition (SIVJRNR). These systems are meant to ensure accountability and the participation of survivors and perpetrators throughout the SIVJRNR (Final Agreement, 2016).

The SIVJRNR has two means of distributing reparations: individually or collectively. Women survivors of the FARC-EP would be more likely to qualify for the collective process because they have family members who share the same characteristics of victimization or have become survivors due to violence against family members. The Peace Agreement also mainstreamed gender throughout all six of its points and emphasized the importance of focusing the agreement on survivors as well as on FARC-EP ex-combatants who have demobilized, disarmed, and reintegrated into society. As seen in the Peace Agreement, regarding the point of the Land Fund for the free distribution of land to rural people without land, or with insufficient land, priority will be given to female agricultural workers, rural women, female heads of households and displaced persons (Summary of the Final Agreement to End the Armed Conflict and Build a Stable and Lasting Peace, 2016, p. 7). The reparations system also includes the participation of former FARC-EP combatants, so that the system can act as a form of peacebuilding between survivors and perpetrators of violence. It is important to note that after the signing of the Peace Agreement, the FARC-EP changed its name to FARC, a political party bearing the same acronym but a different underlying name, which stands for *Fuerzas Alternativa Revolucionaria del Común* (Common Alternative Revolutionary Force).

Methodology

The research was conducted as a case study of one specific population -- women survivors of violence perpetrated by the FARC-EP in Algeciras. This relatively limited population and geographic scope was selected, in part, so that the entire study could be conducted during a two-week field visit. Algeciras was chosen given its history as one of the municipalities most affected by violence during the armed conflict between the State and the FARC-EP (RESURPAZ, p. 7).

The research team chose to study women survivors of violence committed by the FARC-EP because women experience war and armed conflict differently than men due to gendered inequalities such as being targeted by armed actors simply for being women (UNSC Resolution 1325, 2000). Another reason why the team chose this focus is because more than half of the 5.859 million internally displaced persons registered with the Colombian government are women (Bouvier, 2016, p. 4). The Peace Agreement has a gender focus and notes the gendered impacts of violent conflict, particularly on women. The agreement also gives priority to land restitution to certain groups such as rural women, female heads of households and displaced persons (Final Agreement, 2016).

This study is intended not as a review of past events, but as an opportunity for the people of the community of Algeciras to look toward their future, while keeping their experiences in mind. This research aims to contribute to a better understanding of how different reparations processes affect women survivors' perceptions of the peace process. The study was carried out according to the principles of Participatory Action Research (PAR) because the researchers felt it was essential to include their participants as researchers themselves when exploring their lived experiences. The researchers from ESAP themselves are victims of armed conflict and their participation in all phases of research contributes to PAR. Our goal has been to include the community in the entire research and learning process, and to prioritize building an understanding of the needs and wants of the communities along with our local research partners at ESAP. As Pant (2004) writes, "participatory research is an integrated activity that combines social investigation, educational work, and action" (p. 97). By conducting participatory action research, we aimed to avoid hazardous generalizations and to limit the effect of biases we may have as outsiders to Colombia and its violent conflict. To accomplish this goal, all the interactions we had with community members consisted of community members serving as interviewees and with members of ESAP's research group conducting interviews as researchers as well.

This qualitative study took the form of one focus group discussion, and eleven one-on-one interviews with women who self-identified as survivors of the FARC-EP. Some of these women are members of women's victims' associations; however, others were not personally part of an association. Many women do not belong to associations out of fear, as well as because it can potentially cause division among survivors of conflict. Some of these women previously participated in associations but left them due to the financial cost of belonging to them. The research team conducted the focus group with eight women and asked general questions to assess how they felt about peace and the Peace Agreement. After the focus group, eight individual interviews with the women who participated in the focus group as well as with three other women who did not participate in the focus group were conducted. The interviews took place in the women's homes because they indicated that they felt most comfortable and safe in their own homes.

One challenge of conducting PAR with community members as researchers was the need to establish a comfortable and confidential environment. For example, one of the local researchers was a male and it was noticeable that some women did not feel comfortable sharing their opinions or experiences in the presence of a man, especially stories related to sexual and gender-based violence (SGBV). Although the focus of this research was not on the victimization stories, several participants chose to share their stories that include sensitive information about SGBV as a way of explaining their opinions. The research team ultimately decided to conduct interviews for the most part with just women present.

An additional challenge we experienced throughout the investigation was the use of language and specific terminology related to the peace process that participants did not understand. During the focus group discussions and interviews, we noticed that whenever we asked about "reparations," we did not receive a response or reaction. We often found ourselves explaining and providing examples of what reparations were, whether they were monetary, symbolic, individual or collective. Once we provided examples, participants were able to share their perspectives and opinions more openly. These explanations helped participants understand the content and meaning of the reparations process rather than simply hearing a word they did not comprehend.

Research Questions

This study focuses on the future of the people of Algeciras in a post-Peace Agreement setting. The research questions focused on community peacebuilding as well as efforts to establish a baseline awareness of the peace agreement and the reparations system created by it. It is hoped that this research can serve as a basis for women survivors of the FARC-EP around Colombia to gain a louder voice and to encourage them to express their points of view on peace, the Peace Agreement itself, and what reparations they want and need in order to live in peace.

The core research questions this study explored are:

1. What level of awareness do women survivors of the FARC have of the reparations they are entitled to under the Peace Agreement? Do reparations contribute to peace?
2. How do women survivors of the FARC-EP define peace? What does peace mean to them?
3. Have women survivors of the FARC-EP seen any changes in the community since the signing of the Peace Agreement?

Findings

Several recurring themes emerged throughout the focus group and interviews: perceptions of peace and what it means to *Algecireñas* (women from Algeciras); lack of opportunities and knowledge in Algeciras; feelings of skepticism or lack of trust in the future of the peace agreement between the Colombian Government and the FARC-EP, and; feelings of forgiveness and resentment towards the FARC-EP. Given that the research team interviewed 11 women in a municipality of 25,000, it is important to note that this sample is not representative of the whole municipality.

Sixty-three percent of the women interviewed were not in an association; however, seven of the 11 participants had received some kind of reparation as a survivor of the armed conflict. These reparations included monetary help to start a small business, as well as chickens to establish a secondary business selling eggs. One critique of participants was that the reparations did not include formal training on how to keep a business running or how to make it sustainable.

Perceptions of Peace and what it Means to Algecireñas

Since the signing of the peace agreement, there have been changes in Algeciras. Many women described this change as Algeciras becoming more "calm," "tranquil," and "free." This sense of peace, however, did not eliminate all feelings of fear about the future. One woman, who had formerly been a member of a victims' association said she was "uncertain about the peace agreement" but content with the "calmness in the town and that children are calm and going to school" (Int. 1, personal communication, January 21, 2019).

Women shared different visions of what peace meant to them. One woman explained:

> We were born with peace within us, and then the violence came to Algeciras. We are not resentful, we know how-to live-in peace, and we want future generations to live with the peace we were born with (Int. 3, personal communication, January 23, 2019).

Another woman said peace is "where this isn't war. It begins at home. Peace is for everyone, and it should be everywhere we go, where people can live and share with each other" (Int. 5, personal communication, January 19, 2019). Similarly, participants shared that peace can be created at the community level if there is forgiveness, first at the individual level and later collectively.

Despite expressing belief in the possibility of peace, some women expressed their distrust in the Peace Agreement and doubted that it would bring peace to Colombia. One participant said, "Only God can bring us peace. There is no possible peace in this country." When asked how she receives her information on the Peace Agreement, she said "I know little, but what I know is from my association. I do not believe in any of it. There is no peace" (Int. 7, personal communication, January 2019). Although there is distrust towards the Peace Agreement, all participants defined peace in very similar ways, most importantly, with a focus on God bringing peace.

Lack of Opportunities in Algeciras

Participants views on peace often were linked to their belief in a lack of opportunities in Algeciras. When participants were asked how peace could be created from their community, most women spoke about the lack of opportunities in the town. As examples of how peace can be built in the community, participants mentioned sustainable job projects, psychosocial support (with a strong emphasis on house visits), the opening of more parks and recreational facilities for families, small businesses and more educational options in the town. One woman said:

> We need support from the government. We continue to say, 'the Government' this, or 'the military' that, -- we just need schools. We just need support for the situation to improve. Communities can create businesses, sports, culture, micro-businesses. There are many people who have time on their hands, and with more options, there will be more peace (Int. 9, personal communication, January 24, 2019).

Participants suggested that useful reparations for them could come in the form of micro-businesses and education. One woman said she was expecting reparations and would like to "study math in college because I always loved math but could not continue my studies because we had to leave Algeciras" (Int. 10, personal communication, January 23, 2019).

The evident lack of educational opportunities in Algeciras seemed to be linked to low levels of awareness of the Peace Agreement and what it could mean to them as survivors of armed conflict. One woman stressed that the absence of information about the agreement was a constraint on women, saying, "We need to be aware and be able to talk to each other and learn from each other on what our options are (Int. 10, personal communication, January 23, 2019).

Feelings of skepticism or trust in the future of the Peace Agreement between the Colombian Government and the FARC-EP

Few of the participants seemed convinced that the Colombian government would fulfill the intentions behind the Peace

Agreement. Not all women want the same support or reparations from the government or the FARC; however, they all do want assistance. Lack of trust in the government was a common theme that emerged during interviews. One participant said:

> We are far from the peace promised in the agreement. Where is the promise to the Colombian people? The Government is not serious because of the recent attack at the Santander school in Bogotá. Where is alias 'El Paisa' [a high-level commander of the FARC-EP]? (Int. 11, personal communication, January 19, 2019).

Another participant said she was ambivalent about the FARC being involved in the reparations system because "they [FARC] have the right to regret what they did; they should help symbolically or monetarily because they know what they have done" (Int. 1, personal communication, January 21, 2019). Most women expressed some skepticism about the FARC's involvement in the reparations system.

This research indicated that there is a lack of knowledge about the Peace Agreement. Five of the eleven women interviewed were given business projects from the government but they were not aware of other benefits they could receive, such as the possibility to advance their education or access psychosocial support. They were also not aware that these opportunities came from what was agreed upon in the Peace Agreement.

Participants had not received access to psychosocial support unless they sought it out themselves. One woman, aged 40, with three children, was displaced and moved to Cali, a city over 100 miles from Algeciras, where she was able to find a child psychologist for her daughter who was dealing with trauma as a result of leaving Algeciras. No such assistance is available in Algeciras, the participant stated. Since her family returned to Algeciras, her daughter has not received further support. The woman stated she does not believe that reparations are enough, saying, "Nothing repairs what we lived, money is not enough. We are always vulnerable, and we had to start our lives from zero." When asked if it would be helpful for psychologists to be made available in Algeciras, she said "it can help to talk about what happened, especially for myself and children" (Int. 10, personal communication, January 23, 2019).

Another woman, who participated in talk therapy with a psychologist while she was displaced and living in Neiva, the capital of Huila, stated, "Having a woman psychologist helped me a lot. She helped me talk about what happened to me, and helped me be able to talk to you right now because before I could not talk about what happened to me" (Int. 1, personal communication, January 21, 2019). Nine of the eleven women spoken to said they would accept psychosocial help if it were offered to them in their homes.

Feelings of Forgiveness and Resentment Towards the FARC

The majority of the women interviewed agreed that the FARC should participate in the reparations system. However, two women expressed strong opposition to the FARC being reintegrated into society. These feelings were expressed in two ways. One woman, aged 40, stated, "I don't know who did what—so who is there to hate?" She also stated, "The help should be for victims unless by [FARC-EP members] receiving help it contributes to peace, then I am ok with it" (Int. 10, personal communication, January 23, 2019). Another participant, aged 55, said that it would be good for the members of the FARC-EP to be part of the reparations because "a lot of people want to know if they are being sincere. We want to know that they are not hypocrites and want peace too," (Int. 4, personal communication, January 22). Another participant who received monetary compensation shared her feelings towards the FARC by stating, "They [FARC] should participate because they know who is a victim and who is not" (Int. 13, personal communication, January 23, 2019).

One participant, however, expressed that she does not believe in the Peace Agreement because she did "not believe the FARC are involved voluntarily." (Int. 7, personal communication, January, 2019). Another participant said she believed that "[e]x-combatants will receive benefits—not us. Either way, they are not enough" (Int. 8, personal communication, January 24, 2019).

Another participant who received monetary reparations shared similar sentiments by saying, "I do not believe the FARC will really disarm. They still want power. I also believe only the FARC will receive benefits, very few victims will." When mentioning the reparations, she stated, "I am aware of the reparations and I think it is just a way for the government to manage money. I do not believe it is a peace agreement, it is an economic agreement. We deserve what is just, such as psychological support" (Int. 9, personal communication, Jan. 24, 2019).

Conclusion

Many women survivors of the FARC-EP violence in Algeciras share similar perceptions on peace, reparations, the Peace Agreement and the future of Algeciras. They emphasized a lack of opportunities, which seemed connected to a lack of knowledge about the Peace Agreement and its possible benefits to them. The majority of women were not in associations, and two of the women had formerly been in an association, however, these women felt left because of the fees related to belonging to an association (Int. 1, personal communication, January 21, 2019).

Women survivors want to receive reparations, but they desire reparations that are sustainable and would allow them to be self-sufficient, not just financial payments. Participants indicated a strong need for the government to do a better job of educating women survivors about the Peace Agreement and the reparations to which they are entitled. Based on the participants' responses, it seemed that such education could create more trust in the Peace Agreement.

All of the women interviewed lived through the reality of armed conflict for their entire lives; however, most of the women said they were hopeful and eager to live in peace. They seemed to be searching for signs of a better future. As one participant stated, "The construction of a new apartment building near where I live now brings hope and releases pain and hurt from the people of the town" (Int. 11, personal communication, January 19, 2019).

Despite mixed feelings towards the Peace Agreement, even small steps forward are being interpreted to mean that a shift is taking place in the community and in Colombia, overall.

References

Amnesty International. (2012). COLOMBIA: THE VICTIMS AND LAND RESTITUTION LAW. Retrieved from https://www. refworld.org/pdfid/4f99029f2.pdf

Bouvier, V. (2016). GENDER AND THE ROLE OF WOMEN IN COLOMBIA'S PEACE PROCESS. Retrieved from http://www. unwomen.org/-/media/headquarters/attachments/sections/ library/publications/2017/women-colombia-peace-process-en. pdf?la=en&vs=17

Chavarría, A. (2010). Justicia transicional y reparación a las víctimas en Colombia / Transitional justice and reparation for victims in Colombia. *Revista Mexicana De Sociología, 72*(4), 629-658. Retrieved from http://www.jstor.org.proxy.library.nyu. edu/stable/25769913

Colombian Constitution. (2019). Article 216. Retrieved from http:// www.constitucioncolombia.com/titulo-7/capitulo-7/articulo-216

Dunn, J. L. (2005). "Victims" and "Survivors": Emerging Vocabularies of Motive for 'Battered Women Who Stay'. *SOCIOLOGICAL INQUIRY*, (1), 1. Retrieved from http://proxy. library.nyu.edu/login?url=http://search.ebscohost.com/login.as px?direct=true&db=edsbl&AN=RN160511230&site=eds-live

Final Agreement to End the Armed Conflict and Build a Stable and Lasting Peace. (2016). Retrieved from http://especiales. presidencia.gov.co/Documents/20170620-dejacion-armas/ acuerdos/acuerdo-final-ingles.pdf

Johan Galtung, "Cultural Violence" in *Journal of Peace Research*, Vol. 27, No. 3. (Aug, 1990), pp. 291-305.

http://opev.org/wp-content/uploads/2018/07/GALTUNG-Johan.- Cultural-Violence.pdf

Leisenring, A. (2006). Confronting "Victim" Discourses: The Identity Work of Battered Women. *Symbolic Interaction, 29*(3), 307-330. doi:10.1525/si.2006.29.3.307

Pant, M. (2004). *Nomads, the marginalized citizens* (pp. 91-104). New Delhi: PRIA.

Pearson, A. (2017). Is restorative justice a piece of the Colombian transitional justice puzzle?. *Restorative Justice*, *5*(2), 293-308. doi: 10.1080/20504721.2017.1343419

Summary of the Final Agreement to End the Armed Conflict and Build a Stable and Lasting Peace (2016). Retrieved from

http://www.altocomisionadoparalapaz.gov.co/herramientas/Documents/summary-of-colombias-peace-agreement.pdf

United Nations Security Council Resolution (UNSCR) 1325, *Women, Peace and Security*, S/RES/1325 (2000), Retrieved from http://www.un.org/ga/search/view_doc.asp?symbol=S/RES/1325(2000)

Victims Registry of Colombia. (2019). Retrieved from https://www.unidadvictimas.gov.co/es/registro-unico-de-victimas-ruv/37394

4

Paz y Reparaciones: Percepciones de los excombatientes de las FARC-EP

Peace and Reparations: Perspectives of FARC-EP Ex-Combatants

María Isabel Cano
Marta Bautista Forcada
Leidy Yohana Fernández
Gilberto Fuentes
Idialberto Manchola

Resumen

El histórico acuerdo de paz entre las Fuerzas Armadas Revolucionarias de Colombia- Ejército del Pueblo (FARC-EP) y el gobierno Colombiano dio lugar a un proceso de construcción de paz en el que miles de miembros de las FARC depusieron las armas para reincorporarse a la sociedad. El acuerdo crea un sistema de justicia transicional a las víctimas del largo y violento conflicto colombiano y les garantiza verdad, reparación y justicia. Esta investigación presenta los resultados de un trabajo de campo conjunto entre la Escuela Superior de Administración Pública (ESAP) en Algeciras Colombia, un municipio altamente afectado por el conflicto armado. Con el objetivo de arrojar luz sobre un actor poco estudiado en la construcción de paz, este estudio se concentra en las percepciones de los excombatientes de las FARC-EP sobre el acuerdo de Paz y el sistema de reparaciones establecido en el. El informe concluye que si bien los excombatientes están ansiosos por construir la paz en comunidad y están dispuesto a decir la verdad de lo que paso en el conflicto y pedir perdón a las víctimas, están enfrentando desafíos relacionados principalmente con el proceso de reincorporación que en última instancia podría poner en peligro el proceso de paz.

"No le tememos a la Paz"
Excombatiente de las FARC-EP, Ent. 10

Introducción

Un histórico acuerdo de entre el grupo guerrillero más antiguo de América Latina, las Fuerzas Armadas Revolucionarias de Colombia (en adelante denominadas FARC –EP) y el gobierno Colombiano fue firmado en 2016. El acuerdo incluye medidas para que los excombatientes de las FARC-EP se reintegren a la sociedad, así como una lista de reparaciones que ellos (y el Estado Colombiano) tuvieron que ofrecer a más de 8. 5 millones de víctimas del conflicto violento (Alsema, 2019). Estos elementos son parte del sistema de justicia transicional conocido como *"El Sistema Integral de Justicia, Verdad, Reparación y No Repetición* (desde ahora denominado SIVJRNR). El SIVJRNR tiene como objetivo indemnizar a las víctimas por "los daños y perjuicios sufridas durante el conflicto" y es el pilar fundamental para construir una paz estable y duradera. (Acuerdo final 2016, p.133).

Sin embargo, Mas de dos años después de la Firma del acuerdo, solo el 21 por ciento de este había sido plenamente implementado (Kroc, 2018a, p.11). Aunque se han realizado algunas investigaciones sobre percepciones del acuerdo de paz en Colombia (Angulo Amaya, Ortiz Riomalo, & Pantoja Barrios, 2014; Binningsbø, Dahl, Nygård & Weintraub, 2018), muy pocas se han enfocado en las percepciones de los excombatientes (López López, 2018). Desde la perspectiva de investigación sobre la paz, este capítulo tiene por objetivo estudiar las percepciones de los ex combatientes sobre el acuerdo de paz y el sistema de reparaciones en el SIVJRNR. Los excombatientes son actores clave en el proceso de construcción de paz y por lo tanto es esencial comprender sus percepciones, esperanzas y preocupaciones sobre el proceso de paz después de 2016. La investigación usa métodos cualitativos y se inspira en el enfoque de la IAP para abordar la siguiente pregunta: ¿Cuáles son las percepciones de los excombatientes de las FARC-EP en Algeciras sobre el proceso de paz el sistema de reparaciones establecidos en el Acuerdo de Paz?.

La investigación de campo se llevó a cabo conjuntamente con un grupo de investigadores locales de la ESAP en Algeciras. El trabajo de campo tuvo lugar durante dos semanas en Enero de 2019. Este capítulo está organizado de la siguiente forma: primero, el contexto general del Acuerdo de Paz y de los excombatientes de las FARC- EP en Colombia y segundo el contexto especifico de su aplicación en Algeciras. Después de esbozar el marco conceptual, se explicara la metodología. Finalmente, los datos recolectados serán presentados en cinco subtemas.

Contexto

Contexto General

El acuerdo de paz entre el gobierno Colombiano y las FARC-EP fue firmado el 24 de Noviembre de 2016, después de más de dos años de conversaciones informales, y en ese momento, secretas entre las partes(2010-2012), y luego cuatro años de conversaciones públicas (2012-2016) (WOLA, 2012). Uno de los grandes logros del acuerdo de paz fue la entrega voluntaria de armas por parte de las FARC-EP, el grupo guerrillero más antiguo de América Latina (El Heraldo, 2016), y la transición de las FARC de actor armado a político (Segura, & Mechoulan, 2017, p.4). Hasta Julio de 2017 6.005 miembro de las FARC- EP que participaron en el proceso de entrega de armas recibieron amnistía del entonces presidente Juan Manuel Santos (consejo seguridad ONU, 2017, p.2). Al final del proceso de desmovilización, la misión de verificación de las Naciones Unidades en Colombia, anunciaron que había terminado la entrega de armas del proceso y que habían recolectado "8.994 armas, 1.765.862 piezas de munición, 38.255 kilogramos de explosivos", entre otros tipos de armas (consejo seguridad ONU, 2017, p.5). Hasta Junio de 2018, el número de excombatientes de las FARC que dijeron haber dejado las armas había ascendido a 7.000 aproximadamente (Capone, 2017, p.2), y en total el número de excombatientes de las FARC-EP acreditados por la oficina del alto comisionado para la Paz era de 12.814 (consejo seguridad ONU, 2017, p.9.). Podría argumentarse que a la fecha, la desmovilización de las FARC-EP es el proceso más exitoso en el mundo dado el número de armas entregadas por excombatientes, que a veces era de dos armas por excombatientes.

En virtud del punto cinco del acuerdo de paz titulado "acuerdo relativo para las víctimas del conflicto" se estableció el SIVJRNR. Este sistema integral de justicia transicional incluye disposiciones sobre reparaciones para que las víctimas sean compensadas por los daños y perjuicios sufridos a causa del conflicto. (Acuerdo final, 2016, p.133). Según el acuerdo, las reparaciones deben ser ofrecidas por aquellos que cometieron crímenes durante el conflicto, incluyendo excombatientes de las FARC – EP Y el gobierno colombiano (*Acuerdo Final*, 2016).

El Acuerdo de Paz establece siete medidas de reparación:

Actos de reconocimiento temprano de la responsabilidad, acciones concretas para contribuir a las reparaciones por parte de quienes han causado daño (tanto acciones como trabajo comunitario); fortalecimiento de los procesos de reparación colectiva y su coordinación con los programas desarrollo territorial, los programas de retorno de desplazados procesos de restitución de tierras y atención psicosocial comunitaria; orientados a promover la convivencia social. (Presidencia de la República, 2016, p.31).

Sin embargo, la temprana implementación de estas medidas de reparación fue lenta. El instituto Kroc de estudios internacionales para la paz de la Universidad de Notre Dame, estableció la iniciativa Barómetro para monitorear la implementación del Acuerdo de Paz. Hasta Mayo del 2018 solo el seis por ciento de las provisiones de reparación habían sido completadas, el 67 por ciento se habían iniciado mínimamente y el 22 por ciento no habían sido iniciadas en lo absoluto. (Kroc, 2018a, p.14).

Como un ejemplo de la lentitud de la implementación, el barómetro menciono que las FARC habían realizado tres actos de reconocimiento de la responsabilidad, mientras que el gobierno había realizado dos (Kroc, 2018b, p.187). El Barómetro también evaluó la reparación ofrecida por aquellos que cometieron crímenes en el contexto del conflicto que se estaban produciendo de diferentes formas, tales como actividades de trabajo comunitario o dialogo e intercambio con las comunidades (Kroc, 2018b, p.211). Adicionalmente, algunos excombatientes estaban participando en actividades de desminado humanitario y contribuyendo a la búsqueda de personas desaparecidas. El Barómetro describió el trabajo de desminado humanitario como una iniciativa que podría ser positiva para el proceso de reincorporación y reconciliación, a la vez que servía como reparación para las víctimas del conflicto (Kroc Institute, 2018b, p.111).

El punto tres del acuerdo de paz, titulado "fin del conflicto", identifico las necesidades económicas y sociales para la reincorporación de los excombatientes y estableció algunos mecanismos para satisfacer estas necesidades. En primer lugar, un pago único de dos millones de pesos Colombianos (aproximadamente 615 dólares a mediados de 2019) debía ser entregado a cada excombatiente inmediatamente después de su salida de las zonas veredales transitorias de normalización (ZVTN) (Acuerdo Final 2016, pág. 77). Luego, cada desmovilizado debía recibir el 90 por ciento de un salario mínimo[1] por 24 meses después de dejar las ZVNT mientras tanto no estuviera un salario de otra fuente (Acuerdo Final, 2016, pag.77). Estos pagos expirarían en Agosto de 2019. El acuerdo de paz establecía que los proyectos y programas productivos, especialmente los enfocados a la erradicación de minas y protección del medio ambiente debían ser identificados para que los excombatientes participaran en ellos, (*Acuerdo Final* 2016, p.76). Los fondos por un monto de ocho millones de pesos colombianos ($2450 dólares en la mitad de 2019) se pondrían a disposición de individuos o grupos para iniciar tales proyectos productivos colectivos (Acuerdo *Final,* 2016, p.76).

El proceso de reincorporación fue implementado lentamente durante los primeros dos años siguientes a la firma del Acuerdo de Paz. El Barómetro destaco algunas de las principales que ha encontrado el proceso, incluyendo "la falta de acceso a la tierra para los procesos de reincorporación con enfoque agrícola" y el lento progreso en la aprobación de proyectos de subsistencia para los excombatientes" (Kroc, 2018a, p.35). El gobierno aprobó el acto 756, a pesar de no estar incluido en el Acuerdo de paz, "facilita el acceso a la tierra de los excombatientes permitiéndoles ser otorgada a asociaciones u organizaciones cooperativas" (Kroc, 2018b, p.9). Sin embargo no está claro que tierras se van a dedicar a los proyectos productivos de los excombatientes, la mayoría de los cuales son agrícolas. Hasta diciembre de 2018, la Misión de Verificación de la Naciones Unidas en Colombia reportaron que habían detectado 20 proyectos productivos colectivos y 29 individuales aprobados por el Consejo Nacional de Reincorporación; solo siete de los proyectos colectivos habían recibido fondos en comparación con los 29 proyectos individuales (2018, p.7).

Las complicaciones en el proceso de reincorporación es uno de los mayores desafíos del proceso de paz, ya que cualquier fracaso podría incentivar a quienes se han desmovilizado a tomar las armas y a retornar a la vida clandestina, lo que eventualmente

---

1   En Colombia, el salario mínimo incrementa en un seis por ciento anualmente. En 2017 el salario mínimo era de COP 737.717 y el 90 por ciento que los excombatientes debían recibir eran COP 663; en 2018 era COP 781.242 y el 90 por ciento 703.117,8; en 2019 era COP 828.116 y el 90 por ciento era COP 745.304,4 (Salario Mínimo Colombia, 2019).

podría significar la reanudación del conflicto (Kroc, 2018b, p.10). Como parte de una guerrilla los excombatientes tenían un estilo de vida muy atractivo cuando tenían influencia sobre la gente, armas para proteger su integridad física, y medios para subsistir. Muchos de ellos habían vivido la mayor parte de su vida como miembros de la guerrilla y ahora conocen otro estilo de vida. Si no obtienen los medios para subsistir durante el proceso de reincorporación, es posible que la vida civil no sea tan atractiva como la que tenían. Los excombatientes de las FARC también enfrentan desafíos de seguridad judicial y física durante el proceso de reincorporación. Algunos excombatientes han reportado un aumento en la sensación de inseguridad judicial. En 2018, el gobierno intentó sin éxito aprobar una enmienda que le diera la autoridad de reactivar órdenes de captura contra miembros de las FARC-EP" (Concejo de Seguridad de la ONU, 2018, p.8-9). "Debido a la ausencia de una pronta definición de su situación legal" algunos excombatientes han sido encarcelados (Concejo de Seguridad de la ONU, 2018, pag.9). Además algunos excombatientes temen por su seguridad física; estos sentimientos son especialmente intensos en quienes se han asentado en zonas con una fuerte influencia de grupos armados ilegales y organizaciones criminales (Concejo de seguridad de la ONU, 2018, p.10). Hasta diciembre de 2018, la ONU reporto que hubo más de 87 asesinatos de excombatientes de las FARC desde que el acuerdo de Paz fue firmado (concejo de seguridad de la ONU, 2018, p.9).

Contexto especifico

Las FARC-EP controlaron Algeciras, un municipio de 25.000 habitantes aproximadamente, (RESURPAZ, 2018, p. 34) y uno de los más afectados por el conflicto armado en Colombia, por más de 40 años. Tras la firma del acuerdo de paz muchos excombatientes de las FARC-EP depusieron las armas y se establecieron en Algeciras. Algunos de los que habían sido encarcelados después del Acuerdo de Paz, también se establecieron en Algeciras después de adherirse a la Jurisdicción Especial Para la Paz (JEP) y desmovilizarse (RESURPAZ ESAP, 2018, p.3).

Según la agencia Nacional para la Reincorporación (ANR) hasta octubre de 2018, había 417 excombatientes en el Departamento del Huila como resultado del Acuerdo de Paz (La Nación, 2018). La ANR ha asegurado que hay 85 excombatientes en Algeciras, aunque fuentes del municipio aseguran que el número asciende a 254.[2]

Algunos de los excombatientes que se establecieron en Algeciras han iniciado proyectos productivos colectivos, que esperan contribuyan a la construcción de paz en la comunidad. A principios de 2019 había cuatro proyectos productivos establecidos por excombatientes en la ciudad. Un ejemplo de estos proyectos es la "*Fundación Social Paz y Esperanza*", conformada por excombatientes de las FARC con el objetivo de unir a las personas y comunidades a través de la danza, la música y el futbol. Otro ejemplo es la cooperativa ASOPROPAZ, implementada por un grupo de excombatientes y ciudadanos de Algeciras en un proyecto llamado *Gallina Feliz,* que consiste en producir alimento para gallinas y recolectar sus huevos. En las tardes los trabajadores tocan música para desestresar a las gallinas, razón por la cual adoptaron este nombre.

Todavía existen desafíos para los excombatientes que amenazan el proceso de paz y reintegración en la comunidad (RESURPAZ ESAP, 2018, p.482). Un excombatiente fue atacado cuando le lanzaron una granada a la casa de en comandante de las conocido como "Richard", quien no resulto herido (RESURPAZ, 2018, p.482). Los excombatientes en Algeciras están preocupados por la aparente falta de compromiso por parte del Gobierno hacia el proceso de reparaciones, desde que muchos de los proyectos productivos que fueron prometidos no se han materializado (RESURPAZ, 2018, p.175). Existe un miedo en la comunidad de que estos desafíos lleven a los excombatientes a sus antiguas vidas y tomen las armas nuevamente (RESURPAZ, 2018, p.175).

Marco Conceptual

El centro internacional de justicia transicional define la justicia transicional como "el intento de enfrentar la impunidad, buscar

---

[2] Estos números fueron confirmados por una fuente local y un trabajador de la ANR.

una reparación efectiva y prevenir la recurrencia" de una manera sensible al contexto (Centro Internacional de Justicia Transicional, 2009). Los mecanismos de justicia transicional normalmente son creados e implementados después de guerras civiles o largos 'periodos de violaciones a los derechos humanos; acompañan a los procesos de paz comúnmente como respuesta a los llamamientos de actores locales o internacionales como organizaciones no gubernamentales o las Naciones Unidas (Samii, 2013, p.220). La literatura en el tema también afirma que el propósito de la Justicia Transicional dentro del proceso de construcción de paz es "restaurar las relaciones sociales rotas por la guerra civil y por lo tanto reintegrar pacíficamente a las víctimas y a los perpetradores en la sociedad" (Hall, Kovras, Stefanovic, & Loizides, 2018, p.347), así como eliminar las causas y efectos de un conflicto violento sin crear nuevos conflictos (Rettberg, 2005, p.12). Como tales, los sistemas especiales de justicia algunas veces crean medidas temporales después de los conflictos violentos para "reconocer a las víctimas y ofrecerles la verdad, reconciliación, reparaciones y justicia (Bautista Forcada, 2018, p.4). Los elementos de la justicia transicional incluyen comisiones de la verdad, juicios, programas de reparación y amnistía. (Firchow, 2017, p.315).

Las reparaciones tienen por objeto reparar los daños causados en un conflicto, en diferentes niveles de la sociedad, y por lo tanto, reparar a las victimas individual o colectivamente (Pearson, 2017, p.315). Al reconocer el dolor individual de las víctimas, "las reparaciones simbólicas o de otros tipos, pueden servir como puntos focales en el proceso de duelo y esto puede ayudar a la recuperación permitiendo que los individuos se concentren exclusivamente en su dolor" (Hamber, & Wilson, 2002, p.38).

Estudios han descubierto que el perdón y la reconciliación son cruciales para reconstruir la confianza y las redes sociales dentro de las comunidades y al mismo tiempo mejoran la coexistencia social y comunitaria (Castrillón-Guerrero, Riveros Fiallo, Knudensen, López López, Correa-Chica, & Castañeda Polanco, 2017). En un estudio reciente las víctimas del conflicto Colombiano desplazadas por la fuerza argumentaron que sería crucial para todos los Colombianos participar en el proceso de reconciliación de este país y que los compromisos de los perpetradores de decir la verdad serían necesarios para construir la paz y el tejido social roto (Castrillón-Guerrero et alt., 2017, p.95). El mismo estudio encontró que sería esencial para los perpetradores no solo decir la verdad de lo que paso sino que también pidieran perdón genuino para que las victimas sientan el arrepentimiento (Castrillón-Guerrero et alt., 2017, p.95).

La literatura sobre justicia transicional está cambiando hacia el reconocimiento de la necesidad de un enfoque en las victimas y como tal, se centra cada vez más en comprender que necesitan los sobrevivientes de conflictos violentos y como la justicia transicional puede satisfacer estas necesidades (Hall et alt., 2018, p.347). Sin embargo los perpetradores son generalmente subestimados (López López et alt., 2018, p.166). Los estudios sobre paz necesitan no solo estudiar no solo lo que los sobrevivientes y la población en general perciben, quieren o necesitan en el proceso de paz, sino también lo que los combatientes desmovilizados perciben, quieren o necesita. Para construir la paz a través de procesos de reintegración es necesario entender que es lo que funciona para los excombatientes y si perciben sí que está funcionando un sistema de justicia transicional (Bautista Forcada, 2018, p.5). Además un sistema de justicia transicional que funciones bien "podría ayudar a entender mejor las motivaciones de las personas que antes estaban involucradas en la violencia directa, para desmovilizarse y reintegrarse a la sociedad, colaborar con el sistema de justicia transicional y trabajar para construir la paz en su comunidad". (Bautista Forcada, 2018, p.5).

Metodología

La investigación se llevó a cabo en Algeciras durante dos semanas en Enero de 2019, en colaboración entre cuatro investigadores afiliados a la ESAP y un investigador afiliado a la Universidad de Nueva York. La investigación está inspirada en los principios de la Investigación Acción Participativa (IAP) y se basó en el proceso de la IAP iniciado por la investigación de RESURPAZ. También se consideró que se trataba de una investigación sobre paz. Por lo tanto la investigación fue diseñada para ser flexible de manera que respondiera a las necesidades de la comunidad y también buco examinar lo que está funcionando en la comunidad en relación con la implementación del Acuerdo de Paz, no solo para identificar los desafíos de la implementación, como podría ser el caso de una investigación tradicional de Ciencias Sociales.

Ubicación

La ubicación seleccionada fue Algeciras. Había al menos dos ventajas para seleccionar este lugar: el grupo relativamente amplio de excombatientes que vivían tanto en la zona urbana como en la rural, y las relaciones de confianza existentes entre el equipo de la ESAP y los miembros de la comunidad, después de dos años de investigación llevada a cabo por la ESAP.

Participantes

La población seleccionada para la investigación fueron los excombatientes de las FARC- EP ubicados en zona rural y urbana de Algeciras. A pesar del relativamente breve periodo de investigación, 13 excombatientes participaron en la investigación: cinco participaron en un grupo focal de discusión y 12 incluyendo cuatro que estaban en el grupo focal, participaron en entrevistas individuales. La discusión del grupo focal resulto en una conversación con los excombatientes que les ayudo a familiarizarse con el proceso de investigación, por lo tanto no se incluyen datos del grupo focal en esta investigación. La muestra final consistió en 12 excombatientes, 10 hombres y dos mujeres; las edades de los participantes estaban en un rango de los 22 a los 61 años con una edad media de 40 años. La muestra también incluía cinco excombatientes que fueron encarcelados durante las negociaciones de paz y fueron puestos en libertad después de que se les concediera amnistía política. De los 12 participantes, ocho recibían estipendios como parte del proceso de desmovilización, dos trabajaban en un campamento de desminado humanitario y por lo tanto no reunían los requisitos para recibir estipendios.

Los participantes en esta investigación fueron seleccionados a través del método de conveniencia. Fueron contactados por miembros del equipo dela ESAP; que los conocía porque ya habían participado en investigaciones anteriores, por lo tanto los participante y el equipo de la ESAP ya tenían una relación de confianza. Después de que los primeros excombatientes participaron en la investigación, otros se pusieron en contacto con un miembro del equipo local y expresaron su interés en participar. Este sistema de muestreo aporto sesgo a la investigación ya que la muestra seleccionada probablemente no era representativa de la población en general. A pesar del sesgo esta elección de muestreo fue la más apropiada teniendo en cuenta el contexto: los excombatientes vivían una situación delicada y muchos de ellos temían por su seguridad personal. Además este método el proceso de investigación de campo, que estaba limitado por el tiempo, y facilito el proceso de generación de datos.

Generación de datos

La investigación fue cualitativa porque buscaba captar percepciones, expectativas, esperanzas, motivaciones y sentimientos con respecto a la implementación del Acuerdo de paz y el sistema de reparaciones. Diez preguntas tentativas, organizadas por temas fueron escritas e impresas antes de iniciar el trabajo de campo. Los excombatientes querían saber de qué se trataba la investigación antes de participa. Por lo tanto como paso necesario para ganar su confianza, el equipo local les proporciono una lista tentativa de preguntas cuando lo solicitaron.

De acuerdo con las solicitudes de los participantes y recomendaciones de los socios locales, las entrevistas se llevaron a cabo en diferentes locaciones de la zona urbana y rural de Algeciras. Cinco entrevistas se llevaron a cabo en *Casa vieja* un espacio común de la ciudad donde los excombatientes se sentían cómodos y previamente habían elegidos ser entrevistados por los investigadores de la ESAP. Otras cinco entrevistas se llevaron a cabo en las casas de los participantes: cuatro en la zona rural y una en la zona urbana. Las últimas dos entrevistas se llevaron a cabo en el campamento de desminado humanitario. En cuanto a la entrevista en sí, se utilizó como guía la lista de 10 preguntas preparadas con anterioridad, pero no se siguieron exactamente como estaban escritas (ver anexo 1). Cada entrevista comenzó con la lectura del formulario de consentimiento y fue seguido de preguntas y seguimientos.

Presentación de datos

Cinco temas clave surgieron de las entrevistas: la visión de los excombatientes de la paz como concepto; implementación del acuerdo de paz de 2016; contribución de los excombatientes a la construcción de paz en la comunidad; reparaciones contenidas en el acuerdo de paz de 2016 y esperanzas de los excombatientes sobre el futuro de Algeciras y Colombia.

Visión de los excombatientes sobre la paz como concepto

Hubo varias percepciones sobre el significado de paz para los participantes. En primer lugar, los participantes entendían que la "paz no es solo el silencio de los fusiles" (Ent. 10, Ent. 11). Segundo, un concepto recurrente usado para definir la paz era el de tranquilidad (Ent. 1, Ent. 2, Ent. 4, Ent. 5, Ent. 8, Ent. 9, Ent. 13). Algunos participantes dijeron que experimentaron esta sensación en Algeciras después del Acuerdo de Paz. Cuando la gente podía caminar por la calles y manejar sus negocios sin todos los problemas a los que se enfrentaba antes de Acuerdo (Ent. 8, Ent. 9). En tercer lugar, siete de los participantes pensaron en la paz como un concepto relacionado con los derechos sociales y económicos, con dimensiones como la educación para todos, la vivienda, la buena cobertura en salud y las oportunidades de empleo. (Ent. 1, Ent. 2, Ent. 3, Ent. 4, Ent. 9, Ent. 10, Ent. 12), añadieron que era tarea del gobierno ofrecer todas esas oportunidades a través de la inversión social (Ent. 2, Ent. 5, Ent. 8).

La paz también estaba vinculada al perdón y la justicia. Un participante resalto que los individuos logran paz espiritual cuando "perdono a quien me lastima y a mí me perdona a quien lastimé" (Ent. 10). *Otro explico que:*

La paz no existe [por ahora]. Para empezar porque no hay justicia y sin justicia no ha paz. Nosotros [los Excombatientes] dejamos las armas, pero si el gobierno no asume sus deficiencias y los errores que cometió durante el conflicto, nunca va a haber justicia. (Ent. 13).

Estos hallazgos muestran que los excombatientes tienen visiones muy similares de la paz, que no están limitadas al cese de hostilidades, sino que están conectados con el desarrollo de los derechos sociales y económicos que reflejan las causas profundas del prolongado conflicto armado en Colombia, principalmente por la desigualdad y la falta de inversión del Estado, especialmente en las áreas rurales.

Sobre el acuerdo de paz y el proceso de implementación

Hubo un apoyo general al Acuerdo de Paz entre los excombatientes, con 11 de los 12 participantes expresando su apoyo; el participante restante se refirió al acuerdo como un medio para atrapar a los excombatientes, y lo calificó de mentira (Ent. 3). El apoyo al Acuerdo de Paz se tradujo en grandes esperanzas en su plena aplicación: "Si el acuerdo fue implementado exactamente como está escrito en el documento, créanme que Colombia sería literalmente casi perfecto... El acuerdo está bellamente escrito" (Ent. 6). Del mismo modo, los participantes expresaron la sensación de que la aplicación del Acuerdo de Paz traería consigo una transformación positiva significativa para Colombia (Ent. 3, Ent. 8). Un participante opinó que el acuerdo había brindado oportunidades a los excombatientes:

> El proceso de paz nos ha dado un espacio para seguir viviendo, porque donde estábamos también podíamos tenerlo, pero no es lo mismo que lo que tenemos ahora, podemos ayudar a la gente, a pesar de tener ideologías diferentes. Este espacio que el proceso de paz ha creado, ha sido muy bueno (Ent. 4).

Cinco participantes que apoyaron el Acuerdo de Paz se quejaron de las dificultades del proceso de reconciliación (Ent. 3, Ent. 4, Ent. 9, Ent. 10, Ent. 11). Un participante consideró que el estipendio mensual era un desafío:

> Lo que obtenemos es un mínimo para pagar el alquiler y algunas otras cosas... Este apoyo financiero no es suficiente. Por esta razón cada uno de nosotros se siente bajo de moral en este proceso de reincorporación porque nos dan muy poco (Ent. 4).

Además, se expresó la sensación de que los excombatientes estaban atrapados: o bien recibían el estipendio mensual o bien conseguían un trabajo, pero no podían tener ambos.

El proceso de aplicación relativamente lento del Acuerdo de Paz fue otro de los retos que los participantes destacaron. Algunos participantes reconocieron que la implementación toma tiempo (Ent. 4), entendiendo que "firmar el acuerdo era el paso más fácil. Al día de hoy, la implementación es el paso más difícil" (Ent. 9). Un desafío mayor que los participantes señalaron fue el gobierno del presidente Iván Duque (Ent. 3, Ent. 4, Ent. 11, Ent. 12), quien no había hecho ningún "gesto de paz" (Ent. 12) y fue elegido en 2018 en parte sobre la base de una plataforma de oposición a la plena aplicación del Acuerdo de Paz (Isacson, 2019). En consecuencia, algunos participantes mencionaron a los garantes internacionales del Acuerdo de Paz como su mejor esperanza para su implementación, expresando su convicción de que esas partes podrían presionar al gobierno colombiano para que implemente el acuerdo (Ent. 3, Ent. 4, Ent. 9). La confianza de los participantes en los actores externos pareció ser una señal de su falta de confianza en el actual gobierno colombiano, dado que mientras el ex presidente Santos firmó el Acuerdo de Paz en 2016 actual presidente Duque ha criticado y retrasado la implementación del acuerdo.

Sobre la contribución de los excombatientes al proceso de consolidación de la paz en la comunidad

Los excombatientes describieron varias formas en que podían contribuir a la construcción de la paz en su comunidad. Como dijo uno de los participantes: "Con acciones que pueden parecer pequeñas, cientos de nosotros haciéndolas haríamos una gran diferencia" (Ent. 6). Cinco de los 12 participantes se refirieron a acciones comunitarias y proyectos productivos como acciones que podrían emprender para llevar la paz a la comunidad (Ent. 1, Ent. 2, Ent. 8, Ent. 9, Ent. 10). Expresaron su convicción de que, al llevar a cabo estos proyectos, podrían compartir valores positivos con los niños y jóvenes para evitar que tomen decisiones "equivocadas", como el consumo de drogas o la participación en actividades delictivas, que eran preocupaciones compartidas por varios participantes (Ent. 1, Ent. 2, Ent. 3, Ent. 9, Ent. 10).

Algunos participantes dijeron que necesitaban demostrar sus compromisos con la paz en un esfuerzo por contrarrestar todos los estereotipos negativos que existen sobre ellos, especialmente en los medios de comunicación (Ent. 5). Algunos participantes dijeron que podían lograr este objetivo teniendo buenas relaciones con la comunidad (Ent. 7) y trabajando para y con la comunidad (Ent. 11, Ent. 12). Como dijo un participante: "Nos cansamos de la guerra... Las FARC estaban dispuestas a darlo todo para firmar el Acuerdo de Paz... Ahora tenemos que mostrar al mundo de qué estamos hechos y para qué estamos hechos" (Ent. 10).

Sobre el sistema de reparaciones en el Acuerdo de Paz

Los participantes reconocieron que las reparaciones eran un elemento importante, especialmente para las víctimas, para construir la paz en la comunidad. Un participante dijo: "La columna vertebral del acuerdo son las víctimas: si el 100 por ciento de las víctimas no son reparadas, el proceso de paz no tiene valor" (Ent. 10).

Todos los participantes mencionaron la verdad, el perdón o ambos, como la parte más importante de las reparaciones. Tres participantes dijeron que la verdad era la reparación más importante (Ent. 8, Ent. 10, Ent. 12), reconociendo que sin verdad, no podría haber reparación, y que la verdad también puede facilitar el proceso de perdón (Ent. 10). La mitad de los participantes estuvieron de acuerdo en que la verdad de lo que sucedió durante el conflicto debe ser contada (Ent. 1, Ent. 3, Ent. 6, Ent. 7, Ent. 10, Ent. 12), aunque hubo cierto temor entre los excombatientes a decir la verdad de lo que sucedió, así como un reconocimiento de que tal vez nunca se diga la verdad completa (Ent. 1).

Los excombatientes consideraron que el perdón por los errores cometidos durante la guerra era el segundo tipo más importante de reparación; dijeron que esto también era crucial para las víctimas (Ent. 2, Ent. 4, Ent. 6). Un participante describió el perdón como una "gran medida de reparación". Pedir perdón refresca el corazón y el alma.... para empezar, es un paso necesario para establecerse en la comunidad" (Ent. 4). Otro participante dijo:

> Una persona perdona pero no olvida. El perdón es algo simbólico pero debe hacerse porque donde se ofrecen espacios hay reconciliación.... [...] No es fácil para una víctima directa porque mataron a su hijo o a un pariente... Pero de alguna manera lo que la persona quiere saber es que se le está pidiendo perdón de corazón (Ent. 9).

Un participante, sin embargo, creyó que el perdón no valía nada porque podría no haber sentimiento detrás de la persona que pide perdón (Ent. 3, comunicación personal, 19 de enero de 2019).

La realización de acciones comunitarias fue considerada el tercer tipo de reparación más importante por los participantes, cinco de los cuales dijeron que eran muy efectivos. Ejemplos de acciones comunitarias mencionadas por los participantes incluyeron proyectos productivos, en los que participaron cuatro de cada 12 participantes. Otras acciones comunitarias mencionadas fueron los proyectos de construcción); limpieza de la ciudad, reparación de caminos y construcción de infraestructura, escuelas o sistemas eléctricos (Ent. 1, 2, 8, 9, 10, 11 y 12, comunicaciones personales, enero de 2019). La inversión social para la ciudad, que podría tener lugar como una reparación colectiva, también fue vista como una reparación potencialmente positiva para Algeciras (Ent. 4 y 8, comunicación personal, enero de 2019).

Los participantes expresaron opiniones opuestas sobre el dinero como forma de reparación. Algunos participantes creían que las reparaciones monetarias podían reparar una pérdida (Ent. 6, Ent. 11), ya que pensaban que "desafortunadamente, el dinero cura el corazón del ser humano". Algunos dirán que me quitaron a mi hermano, pero al menos me dieron algo..." (Int.6). Otros, sin embargo, dijeron que el dinero como reparación no podía reparar vidas (Ent. 2, 6, 10, comunicación personal, enero de 2019).

A pesar de los diferentes puntos de vista de los participantes sobre las reparaciones, el perdón y la verdad se destacaron como los que l mayoría de los participantes podrían acordar como los que tienen el poder de curar a las víctimas. Ha habido pocos eventos a nivel nacional organizados por las FARC-EP que se hayan enfocado en la verdad y el perdón, así como un evento simbólico organizado por excombatientes en Algeciras durante el cual ofrecieron un *sancocho* comunitario en una reunión en la plaza del pueblo (Ent 10, comunicación personal, 22 de enero de 2019). La mayoría de los participantes expresaron su convicción de que estaban reparando la comunidad al tiempo que contribuían a la construcción de la paz a través de acciones comunitarias y de los proyectos productivos que poseían, lo que también podía servirles como medio para su reincorporación.

Algunos participantes se quejaron de que el Estado no había pedido perdón o dicho la verdad como se suponía que debía hacerlo, señalando que las FARC ya habían emprendido algunas reparaciones, pero que el Estado no lo había hecho (Ent. 3, 9 y 11, comunicación personal, enero de 2019). Los excombatientes dijeron que tenían grandes expectativas de lo que el Estado debería estar haciendo, y la frustración de que pareciera no estar haciendo mucho.

Preocupaciones y esperanzas de los excombatientes sobre el futuro de Algeciras y Colombia

Algunos participantes expresaron temores entre ellos y otros excombatientes por su propia seguridad. Un participante confesó sentirse inseguro sobre el hecho de que el Estado organizara un marco judicial que atraparía a algunos de ellos (Ent. 8, comunicación personal, 24 de enero de 2019). También había preocupación por la posibilidad de que representantes políticos de las FARC en Bogotá fueran asesinados (Ent. 3 y 8, comunicación personal, enero de 2019). Un participante mencionó la decisión de vivir lejos de su familia para asegurar que su presencia no tenga efectos negativos (Ent. 6, comunicación personal, 24 de enero de 2019). Cinco de los participantes dijeron que eligieron vivir en Algeciras antes que en sus pueblos natales (Ent. 5, 7, 11 y 12, comunicación personal, enero de 2019). Dos participantes mencionaron la posibilidad de regresar a la selva si el proceso de implementación permanece estancado y el gobierno no cumple con sus obligaciones (Ent. 3 y 10 comunicaciones personales, enero de 2019). Uno de ellos dijo:

Nos comprometimos a cumplir con el acuerdo de paz, pero no hasta el punto de dejarnos matar [....]... Amo a mi esposa, amo a mi hija, a mis hijos,... pero [...] si vienen a matarme mientras estoy haciendo las cosas bien, volveré a esconderme. Mientras continúen así, cumpliendo a regañadientes, pero sin tocarnos, entonces cumpliremos (Int. 10, comunicación personal, 22 de enero de 2019).

Los participantes expresaron una falta general de confianza en el gobierno. Dos participantes se quejaron de que el ex presidente Juan Manuel en realidad no tenía buenas intenciones en relación con el Acuerdo de Paz con las FARC (Ent. 3 e Ent. 11, comunicaciones personales, enero de 2019). Cuatro participantes dijeron que no eran muy optimistas sobre el futuro de la implementación del Acuerdo de Paz, en parte debido a la falta de confianza en el Presidente Duque (Ent. 3, 4, 8 y 11, comunicaciones personales, enero de 2019). Un participante dijo que el gran defecto es la falta de acompañamiento del Estado, [...] uno es pesimista con una implementación tan lenta" (Int. 9, comunicación personal, 22 de enero de 2019). Otro participante respondió: "No quiero guerra, no quiero más guerra en este país, pero quien tiene que garantizar que no haya más guerra en este país es el Estado y su actual gobierno" (Ent. 10, comunicación personal, 22 de enero de 2019).

Sin embargo, seis de los 12 participantes dijeron que eran optimistas o algo optimistas en cuanto a la implementación del Acuerdo de Paz (Ent. 3, 6, 9, 10, 11 y 12, comunicaciones personales, enero de 2019). Algunos participantes no dijeron que eran completamente optimistas, y la razón fue el gobierno actual: "Somos] optimistas porque hay gente que se está dando cuenta de que necesitamos un cambio. Somos pesimistas porque el gobierno que tenemos no nos favorece" (Ent. 11, comunicación personal, 22 de enero de 2019).

Conclusión

Este capítulo presenta los hallazgos de la investigación de campo conjunta que estudió las percepciones de los excombatientes de las FARC sobre el Acuerdo de Paz y el sistema de reparaciones contenido en el mismo. La investigación se llevó a cabo en Algeciras del 16 al 30 de enero de 2019, en colaboración con un equipo de estudiantes investigadores afiliados a la ESAP que ya habían establecido relaciones de confianza con la comunidad, incluidos los excombatientes de las FARC.

El estudio presenta dos limitaciones principales: tiempo y método de muestreo. El período de investigación de dos semanas fue lo suficientemente largo como para realizar sólo 12 entrevistas. En segundo lugar, el sistema de muestreo fue de conveniencia dado que algunos excombatientes se escondían de la comunidad y algunos necesitaban crear confianza con la investigación y el equipo antes de participar. Este método de selección estaba sesgado porque la muestra no era representativa de la población.

En general, el estudio concluyó que los excombatientes que participaron en las entrevistas estaban ansiosos por construir la paz en su comunidad, y muchos de ellos dijeron que creían que lo estaban demostrando mediante la implementación de proyectos productivos y trabajo con la comunidad. Sin embargo, los participantes también expresaron su descontento con la actitud ambivalente del Presidente Duque hacia el Acuerdo de Paz. En consecuencia, algunos excombatientes expresaron temor por su seguridad física, así como incertidumbre acerca de su situación judicial. También dijeron que los estipendios pagados por el gobierno como parte del proceso formal de reincorporación eran insuficientes para satisfacer sus necesidades básicas.

Los excombatientes también expresaron su entendimiento de que las víctimas deberían estar en el centro del acuerdo, y creyeron que las reparaciones son cruciales para asegurar tanto los procesos de consolidación de la paz como los de reconciliación. Los participantes mencionaron la verdad y el perdón como las reparaciones más importantes y necesarias para las víctimas del conflicto violento. Reconocieron que muy pocos actos de decir la verdad y expresiones de perdón habían ocurrido, aunque citaron un ejemplo en Algeciras y unos pocos a nivel nacional organizados por otros excombatientes de las FARC. Sin embargo, los participantes se quejaron de que el Estado no había hecho su parte al decir la verdad ni al pedir perdón. No obstante, como grupo, los excombatientes expresaron su deseo de trabajar en proyectos productivos y acciones comunitarias que, según ellos, podrían ayudar a reparar a las víctimas y contribuir al proceso de consolidación de la paz.

Finalmente, es importante destacar lo difícil que ha sido el proceso de reintegración para los excombatientes, y cómo el proceso es uno de los principales desafíos del actual proceso de paz en Colombia. Por lo tanto, la asistencia gubernamental a proyectos productivos es importante para proporcionar estabilidad económica a los excombatientes, de modo que prefieren la vida civil a su vida anterior como parte de la guerrilla. Dado que el actual gobierno colombiano no apoya plenamente el Acuerdo de Paz, es crucial que la comunidad internacional siga apoyando el Acuerdo de Paz y presionando al gobierno para que lo aplique plenamente.

Referencias

------. (2016). "Final Agreement to End the Armed Conflict and Build a Stable and Lasting Peace", La Havana, Cuba, November 24, 2016.

Alsema, A. (2018) "Colombia's War Victims: The Numbers," *Colombia Report*, Abril 9, 2018, Peace process. Disponible en: https://colombiareports.com/colombias-war-victims-the-numbers/ [obtenido: Marzo 12, 2019].

Angulo Amaya, M. C., Ortiz Riomalo, A.M., & Pantoja Barrios, S.D. (2014). *Análisis de las percepciones de los colombianos sobre el proceso de paz y el posconflicto desde una perspectiva de género*. Universidad de los Andes, Colombia Internacional 80, 272 pp. pp. 220-233 disponible en: https://revistas.uniandes.edu.co/doi/pdf/10.7440/colombiaint80.2014.07 [Obtenido: Marzo 12, 2019].

Bautista Forcada, M. (2018). "Research Proposal for Field Research in Colombia: January 2019. FARC-EP ex-combatants Perceptions of the Reparation's System in 2016 Peace Agreement" [inédito].

Binningsbø, H.M., Dahl, M., Nygård, H. M., & Weintraub, M. (2018). "Perceptions of and Experience with the Peace Process in Colombia". *PRIO*. Disponible en: https://www.prio.org/Publications/Publication/?x=10969 [Consultado: Marzo 12, 2019].

Capone, F. (2017). "An Overview of the DDR Process Established in the Aftermath of the Revised Peace Agreement between the Colombian Government and the FARC: Finally on the Right Track?" *Global Jurist*, 18.1.

Castrillón-Guerrero, L., Riveros Fiallo, V., Knudensen, M.L., López López, W., Correa-Chica, A., & Castañeda Polanco, J.G. (2017). "Comprensiones de perdón, reconciliación y justicia en víctimas de desplazamiento forzado en Colombia." *Revista de Estudios Sociales* 63: 84-98 p.86 Disponible en: https://revistas.uniandes.edu.co/doi/pdf/10.7440/res63.2018.07 [consultado: 16 de Marzo 2019].

El Heraldo. (2016). "FARC: La guerrilla más antigua de América Latina que busca convertirse en partido político". 16 September 2016. Disponible en: https://www.elheraldo.co/politica/farc-la-guerrilla-mas-antigua-de-america-latina-que-busca-convertirse-en-partido-politico [consultado: 12 de Marzo 2019].

Firchow, P. (2017). "Do Reparations Repair Relationships? Setting the Stage for Reconciliation in Colombia". *International Journal of Transitional Justice*, 11, 315–338. Disponible en: https://academic.oup.com/ijtj/article-abstract/11/2/315/3760307?redirectedFrom=fulltext [consultado: 13 de Marzo 2019].

Hall, J., Kovras, I., Stefanovic, D., & Loizides, N. (2018). "Exposure to Violence and Attitudes Towards Transitional Justice". *Political Psychology*, Vol. 39, No. 2: 345-363.

Hamber, B, & Wilson, R.A. (2002) "Symbolic closure through memory, reparation and revenge in post-conflict societies", *Journal of Human Rights*, 1:1, 35-53. Disponible en: https://www.tandfonline.com/doi/pdf/10.1080/14754830110111553?needAccess=true p.38 [consultado: 15 de Marzo 2019].

International Center for Transitional Justice. (2009). "What is Transitional Justice?" Disponible en: https://www.ictj.org/sites/default/files/ICTJ-Global-Transitional-Justice-2009-English.pdf [consultado: Marzo, 14 2019].

Isacson, A. (2019). "Duque Has Left Colombia's Peace Process Rudderless". World Politics Review, May 8, 2019. Disponible en: https://www.worldpoliticsreview.com/articles/27824/duque-has-left-colombia-s-peace-process-rudderless [consultado 14 de Mayo de 2019].

Kroc Institute for International Peace Studies. (2018a). "Estado efectivo de implementación del Acuerdo de Paz de Colombia" Bogotá, Colombia 2018. Disponible en: https://kroc.nd.edu/assets/284863/informe_si_ntesis_2_with_logos.pdf [consultado 14 Marzo de 2019].

Kroc Institute for International Peace Studies. (2018b). "Segundo informe sobre el estado efectivo de implementación del Acuerdo de paz en Colombia. Diciembre 2016 – Mayo 2018". Disponible en: https://kroc.nd.edu/assets/284864/informe_2_instituto_kroc_final_with_logos.pdf [consultado: Marzo 12 de 2019].

La Nación. (2018). "Están Llegando Más Excombatientes al Huila" Octubre 28, 2018. Disponible en: https://www.lanacion.com.co/2018/10/28/estan-llegando-mas-excombatientes-al-huila/ [consultado Marzo 14 de 2019].

López López, W, León Rincón, D., Pineda-Marín, C., & Mullet, E. (2018). "Reconciliation sentiment among former perpetrators of violence during the Colombian armed conflict" Conflict Resolution Quarterly, Vol. 35, No. 2: 163-175 disponible en: https://onlinelibrary.wiley.com/doi/full/10.1002/crq.21232 [consultado: 13 Marzo de 2019].

Pearson, A. (2017). "Is restorative justice a piece of the Colombian transitional justice puzzle?" *RESTORATIVE JUSTICE: AN INTERNATIONAL JOURNAL*, 2017 Vol. 5, No. 2, 293–308. Disponible en: https://www.tandfonline.com/doi/abs/10.1080/20504721.2017.1343419?journalCode=rrej20 [consultado: 12 de Marzo de 2019].

Presidencia de la República. (2016). "Summary of Colombia's Agrement to End Conflict and Build Peace." Disponible en: http://www.altocomisionadoparalapaz.gov.co/herramientas/Documents/summary-of-colombias-peace-agreement.pdf [consultado: 19 Marzo de 2019].

RESURPAZ, ESAP Territorial Huila, Caquetá y Bajo Putumayo. (2018). *INFORME EL MUNICIPIO DE ALGECIRAS COMO VÍCTIMA DE DAÑO COLECTIVO (1948-2018)* [Inédito].

Rettberg, A. (2005). "Reflexiones introductorias sobre la relación entre construcción de paz y justicia transicional". En A. Rettberg (comp.), *Entre el perdón y el paredón: preguntas y dilemas de la justicia transicional*. Bogotá, D.C.: Universidad de los Andes, Facultad de Ciencias Sociales, Departamento de Ciencia Política.

Samii, C. (2013). "Who wants to forgive and forget? Transitional justice preferences in postwar" *Burundi by Journal of Peace Research* 50(2) 219–233. Disponible en: https://journals.sagepub.

com/doi/abs/10.1177/0022343312463713?journalCode=jpra [consultado 14 de Marzo de 2019].

Salario Mínimo Colombia (2019). "Salario Mínimo Colombia" disponible en: https://www.salariominimocolombia.net/2019 [consultado 13 Mayo de 2019].

Segura, R., & Mechoulan, D. (2017). *Made in Havana: How Colombia and the FARC Decided to End the War.* International Peace Institute. Disponible en: https://www.ipinst.org/wp-content/uploads/2017/02/IPI-Rpt-Made-in-Havana.pdf [consultado: 12 Marzo de 2019].

UN Security Council. (2017). "Report of the Secretary-General on the United Nations Mission in Colombia". S/2017/801, 26 Septiembre 2017. Disponible en: https://undocs.org/S/2017/801 [Consultado: 12 Marzo de 2019].

UN Security Council. (2018). "United Nations Verification Mission in Colombia. Report of the Secretary-General". S/2018/1159, 26 December 2018. Disponible en: https://undocs.org/S/2018/1159 [consultado: 12 Marzo de 2019].

WOLA. (2012). "Peace Timeline". *Colombia Peace. Moitoring Progress in Peace Dialogues.* WOLA Advocacy for Human Rights in the Americas. Disponible en: http://colombiapeace.org/timeline2012/ [Marzo 12, 2019].

Abstract

The historic Peace Agreement between the Revolutionary Armed Forces of Colombia - People's Army (FARC-EP) and the Colombian government brought about a peacebuilding process in which thousands of FARC members laid down their arms to be reincorporated in society. The agreement creates a transitional justice system that recognizes victims of Colombia's long violent conflict and offers them truth, reparations, and justice. This research presents the findings from joint field research conducted with the Escuela Superior de Administración Pública (ESAP) in Colombia in Algeciras, a municipality highly affected by the armed conflict. With a goal of shedding light on an understudied peacebuilding stakeholder, this study focuses on the perceptions of FARC-EP ex-combatants on the Peace Agreement and the reparations system established within it. It finds that while ex-combatants are eager to build peace in their community and are willing to tell the truth of what happened in the conflict and ask for forgiveness from the victims, they are facing challenges mostly related to the reincorporation process, which could ultimately jeopardize the peace process.

> *"We are not afraid of peace"*
> FARC-EP ex-combatant, Int. 10.

Introduction

A historic peace agreement between the oldest guerrilla group in Latin America, the *Fuerzas Armadas Revolucionarias de Colombia* (Revolutionary Armed Forces of Colombia - People's Army) (hereafter referred to as FARC-EP), and the Colombian government was signed in 2016. The agreement includes steps for the FARC-EP ex-combatants to reintegrate into society, as well as a list of reparations that they (along with the Colombian state) had to offer to the more than 8.5 million victims of the violent conflict (Alsema, 2019). These elements are part of a transitional justice system known as "*El Sistema Integral de Justicia, Verdad, Reparación y No Repetición*" (the Integral System of Truth, Justice, Reparation, and Non-Repetition) (hereafter referred to as the SIVJRNR). The SIVJRNR aims to compensate the victims "for the injury and loss suffered because of the conflict," serving as a crucial pillar to build a durable and stable peace (Final Agreement, 2016, p.133).

More than two years after the agreement was signed, however, just 21 percent of the Peace Agreement had been fully implemented (Kroc, 2018a, p.11). Although some research on the perceptions of the Colombian peace process has been conducted (Angulo Amaya, Ortiz Riomalo, & Pantoja Barrios, 2014; Binningsbø, Dahl, Nygård & Weintraub, 2018), very little of it has focused on the perceptions of ex-combatants (López López, 2018). From a peace research perspective, this chapter aims to study the ex-combatants' perceptions of the Peace Agreement and the reparations system as part of the SIVJRNR. Ex-combatants are key actors in the peacebuilding process and, thus, it is essential to understand their perceptions of, hopes about, and concerns with the post-2016 peace process. The research uses qualitative methods and is inspired by a PAR approach to address the following question: What are the perceptions of FARC ex-combatants in Algeciras of the peace process and the reparations system established by the Peace Agreement?.

The field research was conducted jointly with a local team of ESAP researchers in Algeciras. The field-research took place for a duration of two weeks in January 2019. This chapter is organized as follows: first, the general context of the Peace Agreement and the FARC-EP ex-combatants in Colombia and second, the specific context of its application in Algeciras. After outlining the conceptual framework, the methodology will be explained. Finally, the data collected will be presented in five sub-themes.

Context

General Context

The peace agreement between the Colombian Government and FARC-EP was signed on November 24, 2016, after more than two years of informal and, at the time, secret talks between the parties (2010-2012), and then four years of public talks (2012-2016) (WOLA, 2012). One of the big achievements of the Peace Agreement was the voluntary laying down of arms by the oldest guerrilla group in Latin America (El Heraldo, 2016), and the transition of the FARC from a military to a political actor (Segura, & Mechoulan, 2017, p.4). As of July 2017, 6,005 members of FARC-EP who participated in the laying down of arms process received amnesty from then-President Juan Manuel Santos (UN Security Council, 2017, p.2). At the end of the demobilization process, the United Nations Verification Mission in Colombia announced that it had finished the laying down of arms process and that it had collected "8,994 arms, 1,765,862 [pieces of] ammunition, 38,255 kg of explosives," amongst other kinds of weapons (UN Security Council, 2017, p.5). As of June 2018, the number of FARC-EP ex-combatants who had laid down their arms had risen to approximately 7,000 (Capone, 2017, p.2), and the total number of FARC-EP ex-combatants accredited by the Office of the High Commissioner for Peace was 12,814 (UN Security Council, 2018, p.9). Arguably, as of today, the FARC-EP demobilization process is the most successful in the world given the high number of arms laid down per ex-combatant which sometimes was two arms per ex-combatant.

Under point five of the Peace Agreement entitled "Agreement regarding the Victims of the Conflict" SIVJRNR was established. This integral transitional justice system included provisions on reparations for the victims to "compensate [them] for the injury and loss suffered because of the conflict" (Final Agreement, 2016, p.133). According to the agreement, the reparations had to be offered by those who committed crimes during the conflict, including FARC-EP ex-combatants and the Colombian government (*Final Agreement*, 2016). The Peace Agreement establishes seven reparations measures:

Acts of early recognition of responsibility, concrete actions to contribute to reparations by those who have caused damage (both through actions and public works); and strengthening the processes of collective reparation and their coordination with territorial-based development programs, programs for the return of displaced persons, land restitution processes, and community-based psycho-social care, aimed at promoting social coexistence (Presidencia de la República, 2016, p.31).

Yet, the early implementation of these reparations measures was rather slow. The University of Notre Dame's Kroc Institute for International Peace Studies established the Barometer Initiative to monitor implementation of the Peace Agreement. As of May 2018, just six percent of the reparations provisions had been completed, 67 percent were minimally initiated, and 22 percent had not been initiated at all (Kroc, 2018a, p.14).

As an example of the slow pace of implementation, the Barometer mentioned that the FARC already had conducted three acts on recognition of responsibility, whereas the government had held two (Kroc, 2018b, p.187). The Barometer also assessed reparations offered by those who committed crimes in the conflict context that were taking place in different forms, such as community work activities or dialogue and exchange with the communities (Kroc, 2018b, p.211). Additionally, some ex-combatants were participating in humanitarian demining efforts and contributing to the search for disappeared people. The Barometer outlined the humanitarian demining work as an initiative that could be positive for the reincorporation and reconciliation process, while also serving as a reparation for the victims of the conflict (Kroc Institute, 2018b, p.111).

Point three of the Peace Agreement, entitled "End of the Conflict," identified economic and social needs for reincorporation of the ex-combatants and established some mechanisms for meeting those needs. First, a one-time payment of two million Colombia pesos (approximately $615 US in mid-2019) was to be given to each ex-combatant immediately after her/his exit from one of the specially-established Cantonment Zones (identified as *ZVTN* for its Spanish acronym) (*Final Agreement*, 2016, p.77). Then, each demobilized individual was to receive 90 percent of the minimum wage[1] for 24 months after leaving a ZVTN as long as they were not receiving a salary from another source (*Final Agreement*, 2016, p.77). These payments were set to expire in August 2019. The Peace Agreement mandated that productive projects and programs, especially those

---

[1]   In Colombia, the minimum wage increases 6 percent yearly. In 2017 the minimum wage was 737.717 COP and the 90 percent that the ex-combatants received was COP 663.945,3; in 2018 it was COP 781.242 and 90 percent was 703.117,8; in 2019 it was COP 828.116 and 90 percent was COP 745.304,4 (Salario Mínimo Colombia, 2019).

focused on mine clearance and environmental protection, were to be identified so that ex-combatants could participate in them (*Final Agreement*, 2016, p.76). Funds in the amount of eight million Colombian pesos (approximately $2450 USD in mid-2019) were to be made available for individuals or groups to begin such collective productive projects (*Final Agreement*, 2016, p.76).

The reincorporation process was implemented slowly during the first two years following the signing of the Peace Agreement. The Barometer highlighted some of the main difficulties that the process has encountered, including a "lack of access to land for reincorporation projects with an agricultural focus" and "slow progress in approving livelihood projects for ex-combatants" (Kroc, 2018a, p.35). The government approved Act 756 which, despite not being included in the Peace Agreement, "[f]acilitates land access to ex-combatants permitting them to be directly awarded to associations or cooperative organizations" (Kroc, 2018b, p.9). Nonetheless, it is not clear what land is going to be dedicated to the ex-combatants' productive projects, most of which are agricultural. As of December 2018, the UN Verification Mission in Colombia reported that it had detected 20 collective and 29 individual productive projects approved by the National Reincorporation Council; just seven of the collective projects had received funding compared to 29 individual projects (2018, p.7).

The complications to the reincorporation process is one of the major challenges of the peace process, given that any failures could incentivize those who already demobilized to take arms again and return to clandestine lives, which could eventually mean the resumption of armed conflict (Kroc, 2018b, p.10). As part of a guerrilla, the former combatants had an appealing lifestyle when they had influence over people, guns to protect their physical safety, and means to subsist. Many of them had mostly lived as part of the guerrilla and do now know another lifestyle. If they do not get the means to subsist during the reincorporation process, it is possible that civilian life won't be as appealing as their former life.

FARC-EP ex-combatants also face both judicial and physical security challenges during the reincorporation process. Some ex-combatants have reported growing feelings of judicial insecurity. In 2018, the government unsuccessfully tried to pass an amendment that could "have given the government the authority to reactivate arrest warrants against former FARC-EP members" (UN Security Council, 2018, p.8-9). Because of "the absence of a prompt definition of their legal situation," some ex-combatants have been incarcerated (UN Security Council, 2018, p.9). Furthermore, some ex-combatants fear for their physical security; these feelings are especially intense among those who have settled in areas with a strong presence of illegal armed groups and criminal organizations (UN Security Council, 2018, p.10). As of December 2018, the UN reported that there had been 87 murders of FARC ex-combatants since the Peace Agreement was signed (UN Security Council, 2018, p.9).

Specific Context

The FARC-EP controlled Algeciras, a municipality of approximately 25,000 inhabitants (RESURPAZ, 2018, p. 34) and one of the most affected by the armed conflict in Colombia, for over 40 years. Following the signing of the peace agreement, many FARC-EP ex-combatants laid down arms and settled in Algeciras. Some of those who had been imprisoned at the time of the signing of the Peace Agreement also settled in Algeciras after adhering to the Special Peace Jurisdiction (JEP for its Spanish acronym) and demobilizing (RESURPAZ ESAP, 2018, p.3).

According to the National Reincorporation Agency (ARN for its Spanish acronym), as of October 2018, there were 417 ex-combatants in the department of Huila as a result of the Peace Agreement (La Nación, 2018). The ARN has stated there are 85 ex-combatants in Algeciras, although sources from the municipality have said that the number is as high as 254.[2]

Some of the ex-combatants who settled in Algeciras have started collective productive projects that they hope will contribute to building peace in the community. As of early 2019, there were four productive projects established by FARC ex-combatants in the town. An example of one of these projects is the "*Fundación*

---

2   These numbers are confirmed by a local source and an ARN worker.

Social Paz y Esperanza" (Social Foundation for Peace and Hope), formed by an ex-combatant with the goal of bringing people and communities together through dance, music, and soccer. Another example is the cooperative ASOPROPAZ, implemented by a group of ex-combatants and citizens from Algeciras into a project called *Gallina Feliz* (Happy Chicken), which consists of harvesting food for hens and collecting their eggs. In the afternoons, workers play music to de-stress the chickens, which is why the project adopted it name.

Yet, many challenges exist for the ex-combatants in Algeciras jeopardizing the peace process and reintegration to the community (RESURPAZ ESAP, 2018, p.482). In one case, an ex-combatant was attacked when a grenade was thrown at the house of a FARC-EP commander known as "Richard," who was not injured (RESURPAZ, 2018, p.482). Ex-combatants in Algeciras also have complained about an apparent lack of commitment by the government to the reparations process, since many of the productive projects it promised have not materialized (RESURPAZ, 2018, p.175). There is fear in the community that these challenges will drive ex-combatants to go back to their previous life to take up arms once again (RESURPAZ, 2018, p.175).

Conceptual Framework

The International Center for Transitional Justice (ICTJ) defines transitional justice as "the attempt to confront impunity, seek effective redress, and prevent recurrence" in a context-sensitive manner (International Center for Transitional Justice, 2009). Transitional justice mechanisms normally are created and implemented after civil wars or long periods of violence and grave human rights violations; they accompany peace processes commonly as a response to calls by local or international actors such as human rights non-governmental organizations or the United Nations (Samii, 2013, p.220). Literature on the subject also asserts that transitional justice's purpose within a peacebuilding process is "to restore social relations broken by civil war and thereby peacefully reintegrate victims and perpetrators into society" (Hall, Kovras,

Stefanovic, & Loizides, 2018, p.347), as well as to address and eliminate the causes and effects of a violent conflict without creating new conflicts (Rettberg, 2005, p.12). As such, special justice systems sometimes are created as temporary measures in the aftermath of violent conflict "to recognize its victims [and] to offer them the truth, reconciliation, reparations, and justice" (Bautista Forcada, 2018, p.4). Elements of transitional justice can include truth commissions, trials, reparations programs and amnesties (Firchow, 2017, p.315).

Reparations are intended to repair harm that offenders caused in a conflict at different levels of society, and thus to repair victims individually or collectively (Pearson, 2017, p.315). By recognizing the individual pain of victims, "reparations, symbolic or otherwise, can serve as focal points in the grieving process, and this can aid recovery by allowing individuals to focus exclusively on their grief" (Hamber, & Wilson, 2002, p.38).

Studies have found that forgiveness and reconciliation are crucial to building peace because they can rebuild trust and social networks within communities, while improving societal and community coexistence (Castrillón-Guerrero, Riveros Fiallo, Knudensen, López López, Correa-Chica, & Castañeda Polanco, 2017). In one recent study, forcibly displaced victims from the Colombian conflict argued that it would be crucial for all Colombians to participate in that country's reconciliation process, and that perpetrators' commitments to tell the truth would be necessary to build peace and repair the broken social fabric (Castrillón-Guerrero et alt., 2017, p.95). The same study found it would be essential for perpetrators not only to tell the truth about what happened but also to genuinely ask for forgiveness so that victims feel the perpetrators' regret (Castrillón-Guerrero et alt., 2017, p.95).

Transitional justice literature is shifting toward an acknowledgement of the need for a victim-centered approach, and as such, focuses increasingly on understanding what survivors of violent conflict need and how transitional justice can meet these needs (Hall et alt., 2018, p.347). Nonetheless, perpetrators are generally understudied (López López et alt., 2018, p.166). Peace studies need not only to study what survivors and the general population perceive, want, or need in peace processes, but also what demobilized combatants perceive, want, or need. In order to build peace through a process of reintegration, it is necessary to understand what works for ex-combatants and whether they perceive that a transitional justice system is working (Bautista Forcada, 2018, p.5). Furthermore, a well-functioning transitional justice system "could help to build understanding of the motivations of people previously engaged in direct violence to disarm, reintegrate in society, collaborate with the transitional justice system and work to build peace in their communities" (Bautista Forcada, 2018, p.5).

Methodology

The research was conducted in Algeciras over two-weeks in January 2019 in collaboration between four ESAP-affiliated researchers and one NYU-affiliate researcher. The research was inspired by the principles of Participatory Action Research (PAR) and drew on the PAR process initiated by RESURPAZ's research. It was also considered to be peace research. Thus, the research was designed to be flexible so that it responded to the expressed needs of the community and also sought to examine what is working in the community related to implementation of the Peace Agreement, not only to identify challenges to implementation, as traditional social science research might.

Location

The selected research site was Algeciras. There were at least two advantages for this location's selection: the town's relatively large group of ex-combatants living both in the urban and the rural areas, and the existing trust relationships between the ESAP team and members of the community following more than two years of research conducted by ESAP.

Participants

The population for the research were FARC-EP ex-combatants settled in rural and urban Algeciras. Despite the relatively brief research period, 13 ex-combatants were engaged in the research: five participated in a focus group discussion, and 12 -- including four who were in the focus group -- participated in individual interviews. The focus group discussion resulted in a conversation with the ex-combatants that helped familiarize them with the research process; thus, no data from the focus group is included in this research. The final sample consisted of 12 ex-combatants, 10 men and two women; the ages of participants ranged from 22 to 61 years with a mean age of 40 years. The sample also included five ex-combatants who were imprisoned during the peace negotiations and who were released after they were granted political amnesty. Of the 12 participants, eight were receiving government stipends as part of the demobilization process, two worked at the humanitarian demining camp and, thus, did not qualify for the stipends. The remaining two participants did not receive government stipends.

The participants of this research were selected through a convenience method. They were contacted by members of the ESAP team who knew them because they had already participated in past ESAP research; thus the participants and the ESAP team already had trusting relationships. After the first ex-combatants participated in the research, others contacted one of the local team members and expressed interest in participating. This sampling system brought bias to the research since the selected sample was most likely not representative of the broader population. Despite the bias, this sampling choice was the most proper one considering the context: ex-combatants were living in a delicate situation with many of them fearful for their personal security. Furthermore, this method expedited the field research process, which was limited by time, and facilitated the data generation process.

Data Generation

The research was qualitative because it sought to capture perceptions, expectations, hopes, motivations, and feelings regarding implementation of the Peace Agreement and the reparations system. Ten tentative questions, organized by themes, were written and printed before the field-research started. The ex-combatants wanted to learn what the research was about prior to participating. Hence, as a necessary step to gain their trust, the local team provided them with the tentative list of questions when they requested it.

According to participant requests and recommendations from the local partners, the interviews took place in different locations around urban and rural Algeciras. Five interviews took place in *Casa Vieja,* a common space in town where ex-combatants feel comfortable and had previously chosen to be interviewed by ESAP researchers. Five other interviews took place at the participants' houses: four in rural Algeciras and one in urban Algeciras. The two final interviews took place at the Humanitarian Demining camp. As for the interview itself, the list of 10 pre-prepared questions was used as a guide, but not followed exactly as written (see Annex 1). Each interview began with a reading of the informed consent form, and was followed with questions and follow-ups.

Data Presentation

Five key themes emerged from the interviews: ex-combatants' views about peace as a concept; implementation of the 2016 peace agreement; ex-combatants' contribution to the peacebuilding process in the community; reparations contained in the 2016 peace agreement; and ex-combatants concerns about and hopes for the future of Algeciras and Colombia.

Ex-combatants' Views on Peace as a Concept

There were various perceptions of what the concept of peace meant to the participants. First, participants understood that "peace is not only the silence of the rifles" (Int. 10, personal communication, January 22, 2019). Second, a recurrent concept used to define peace was that of "tranquility," (Int. 1, Int. 2, Int. 4, Int. 5, Int. 8, Int. 9, Int. 13, personal communication, January 2019). Some participants said they experienced this feeling in Algeciras after the Peace Agreement, when people could walk around the streets and run their businesses without the troubles they faced prior to the agreement (Int. 8, Int. 9, personal communication, January

2019). Third, seven of the participants thought of peace as a concept related to social and economic rights, with dimensions such as education for all, housing, good health coverage, and job opportunities (Int. 1, Int. 2, Int. 3, Int. 4, Int. 9, Int. 10, Int. 12, personal communication, January 2019), adding that it was the task of the government to offer all of these opportunities through social investment (Int. 2, Int. 5, Int. 8, personal communication, January 2019).

Peace also was linked to forgiveness and justice. One participant noted that individuals achieve spiritual peace when "I forgive who hurt me, and I am forgiven by whom I hurt" (Int. 10, personal communication, January 22, 2019). Another explained that:

> Peace does not exist [as of now]. To begin with because there is no justice and without justice there is no peace. We [ex-combatants] laid out our weapons, but if the government does not assume its shortfalls as well as the mistakes it made during the conflict there is never going to be justice (Int. 13, personal communication, January 25, 2019).

These findings show that ex-combatants have very similar views of peace that are not limited to a ceasefire, but rather are connected to development through social and economic rights that reflect the root causes of the longstanding armed conflict in Colombia, mainly inequality and lack of social investment by the State, especially in rural areas.

On the Peace Agreement and its Implementation Process

There was overall support of the Peace Agreement among the ex-combatants, with 11 of 12 participants expressing support; the remaining participant referred to the agreement as a means to trap ex-combatants, and called it a lie (Int. 3, personal communication, January 19, 2019). Support for the Peace Agreement translated into high hopes for its full implementation: "If the agreement was implemented exactly as it is written in the document, believe me that Colombia would literally be almost perfect... the agreement is beautifully written" (Int. 6, personal communication, January 23, 2019). Similarly, participants expressed a feeling that the implementation of the Peace Agreement would bring significant positive transformation to Colombia (Int. 3, Int. 8, personal communication, January 2019). One participant thought that the agreement had brought opportunities to ex-combatants:

The peace process has given us a space to continue living, because where we were we could also have it but it is not the same as what we have now, we can help the people, despite having different ideologies. This space that the peace process [created] has been very good (Int. 4, personal communication, January 21, 2019).

Five participants who supported the Peace Agreement complained about the hardship of the reconciliation process (Int. 3, Int. 4, Int. 9, Int. 10, Int. 11, personal communication, January 2019). One participant saw the monthly stipend as a challenge:

What we get is minimum to pay rent and a few other things… this financial support is not enough. For this reason each of us feel low in morale in this reincorporation process because they give us so little (Int. 4, personal communication, January 21, 2019).

Moreover, there was a feeling expressed that ex-combatants were trapped: they either received the monthly stipend or they got a job, but they could not have both (Int. 9, personal communication, January 22, 2019).

The relatively slow implementation process of the Peace Agreement stood as another challenge that participants highlighted. Some participants acknowledged that implementation takes time (Int. 4, personal communication, January 21, 2019), understanding that "signing [the agreement] was the easiest step. As of today, the implementation [process] is the most difficult [step]" (Int. 9, personal communication, January 22, 2019). A larger challenge that participants noted was the government of President Ivan Duque (Int. 3, Int. 4, Int. 11, Int. 12, personal communication, January 2019), who had not made any "gesture of peace" (Int. 12, personal communication, January 25, 2019) and was elected in 2018 in part on a platform of opposing full implementation of the Peace

Agreement (Isacson, 2019). Consequently, some participants mentioned the Peace Agreement's international guarantors as their best hope for implementation, expressing a belief that those parties could push the Colombian government to implement the agreement (Int. 3, Int. 4, Int. 9, personal communication, January 2019). Participants trust in external actors seemed to be a sign of their lack of trust in the current Colombian government given that while former President Santos signed the Peace Agreement in 2016, the current President Duque has criticized and delayed the implementation of the agreement.

On Ex-combatants Contribution to the Peacebuilding Process in the Community

Ex-combatants described various ways that they could contribute to building peace in their community. As one of the participants said, "With actions that may look small, hundreds of us [doing them] would make a big difference" (Int. 6, personal communication, January 23, 2019). Five of the 12 participants referred to community actions and productive projects as actions they could undertake to bring peace to the community (Int. 1, Int. 2, Int. 8, Int. 9, Int. 10, personal communication, 2019). They expressed a belief that by running these projects they could share positive values with children and youth to keep them from making "wrong" choices, such as taking drugs or getting involved in crime, which were concerns shared by several participants (Int. 1, Int. 2, Int. 3, Int. 9, Int. 10, personal communication, January 2019).

Some participants said they needed to prove their commitments to peace in an effort to counter all the negative stereotypes that exist about them, especially in the media (Int. 5, personal communication, January 22, 2019). Some participants said they could achieve this objective by having good relations with the community (Int. 7, personal communication, January 21, 2019) and by working for and with the community (Int. 11, Int. 12, personal communication, January 2019). As one participant said: "We got tired of the war... The FARC was willing to give everything to sign the Peace Agreement... Now we have to show the world what we are made of and what we are made for" (Int. 10, personal communication, January 22, 2019).

On the Reparations System in the Peace Agreement

Participants acknowledged that reparations were an important element, especially for victims, for building peace in the community. One participant said: "The backbone of agreement is the victims: if 100 percent of the victims are not repaired, the peace process has no value" (Int. 10, personal communication, January 22, 2019).

All of the participants mentioned either truth, forgiveness, or both, as the most important part of the reparations. Three participants said truth was the most important reparation (Int. 8, Int. 10, Int. 12, personal communication, January 2019), recognizing that without truth, there could be no reparation, and that truth also can facilitate the process of forgiveness (Int. 10, personal communication, January 22, 2019). Half of the participants agreed that the truth of what happened during the conflict must be told (Int. 1, Int. 3, Int., 6, Int. 7, Int. 10, Int. 12, personal communication, January 2019), although there was some fear among ex-combatants about telling the truth of what happened, as well as an acknowledgement that the full truth might never be told (Int. 1, personal communication, January, 23 2019).

Ex-combatants saw forgiveness for mistakes committed during the war as the second most important type of reparation; they said this also was crucial for the victims (Int. 2, Int. 4, Int. 6, personal communication, January 2019). One participant described forgiveness as a "great reparation measure. Asking for forgiveness refreshes the heart and the soul… for starters, it is a necessary step to settle down in the community" (Int. 4, personal communication, January 2019). Another participant said:

> A person forgives but does not forget. [Forgiveness] is something symbolic but it must be done because where spaces are offered there is reconciliation… […] It is not easy for a direct victim because they killed their son or a relative… but somehow what the person wants to know is that forgiveness is being asked from the heart (Int. 9, personal communication, January 22, 2019).

One participant, however, believed that forgiveness was worthless because there might be no feeling behind the person asking for forgiveness (Int. 3, personal communication, January 19, 2019).

Performing community actions was considered the third most important type of reparation by the participants, five of whom said they were very effective. Examples of community actions mentioned by the participants included productive projects, in which four out of 12 participants were involved. Other community actions mentioned were building statutes); cleaning the town, repairing roads, and building infrastructure, schools or electric systems (Int. 1, 2, 8, 9, 10, 11 & 12, personal communication, January 2019). Social investment for the town, which could take place as a collective reparation, also was viewed as a potentially positive reparation for Algeciras (Int. 4 & 8, personal communication, January 2019).

Participants expressed opposing views on money as a form of reparation. Some participants believed that money reparations could repair a loss (Int. 6, Int. 11), since they thought that "unfortunately, money heals [a] human being's heart. Some people will say they took my brother away from me but at least they gave me something…" (Int.6). Others, however, said that money as a reparation could not repair lives (Int. 2, 6, 10, personal communication, January 2019).

Despite participants' differing views on reparations, forgiveness and truth stood out as the ones most participants could agree on as having the power to heal victims. There have been few events at the national level organized by the FARC-EP that focused on truth and forgiveness, as well as a symbolic event organized by ex-combatants in Algeciras during which they offered a communitarian *sancocho* in a gathering in the town's square (Int 10, personal communication, January 22, 2019). Most participants expressed a belief that they were repairing the community while contributing to building peace through community actions and the productive projects that they own, which also could serve them as a means to reincorporation.

Some participants complained that the State had not asked for forgiveness or told the truth as it was supposed to, pointing out that the FARC had already undertaken some reparations but that the State had not (Int. 3, 9 & 11 personal communication, January 2019). Ex-combatants said they held high expectations of what the State should be doing, and frustration that the State seemed not to be doing much at all.

Ex-Combatants Concerns about and Hopes for the Future of Algeciras and Colombia

Some participants expressed fears among themselves and other ex-combatants for their own security. One participant confessed feeling insecure about the State organizing a judicial framework that would ensnare some of them (Int. 8, personal communication, January 24, 2019). There also was a concern about the possibility of FARC political representatives in Bogotá being assassinated (Int. 3 & 8, personal communication, January 2019). One participant mentioned a decision to live far from his or her family in order to ensure that his or her presence does not have negative effects (Int. 6, personal communication, January 24, 2019). Five of the participants said they chose to live in Algeciras rather than in their hometowns (Int. 5, 7, 11 & 12, personal communication, January 2019). Two participants mentioned the possibility of going back to the jungle if the implementation process remained stuck and the government did not meet its obligations (Int. 3 & 10 personal communications, January 2019). One of them said:

> We committed ourselves to comply [with the peace agreement], but not to the point that we let ourselves be killed […]… I love my wife, I love my daughter, my children,… but […] if they come to kill me while I am doing things right, I will go back into hiding. As long as they continue like this, complying reluctantly, but still not touching us, then we will comply (Int. 10, personal communication, January 22, 2019).

Participants expressed an overall lack of trust in the government. Two participants complained that former President Juan Manuel did not actually have good intentions related to the Peace Agreement with the FARC (Int. 3 & Int. 11, personal communications, January

2019). Four participants said they were not very optimistic about the future of the Peace Agreement implementation partly due to the lack of trust in President Duque (Int. 3, 4, 8 & 11, personal communication, January 2019). One participant said that [t]he big flaw is the lack of accompaniment of the State, […] one is pessimistic with such a slow implementation" (Int. 9, personal communication, January 22, 2019). Another participant replied: "I do not want war, I do not want more war in this country, but the one who has to guarantee that there is no more war in this country is the State, and its current government" (Int. 10, personal communication, January 22, 2019).

Still, six of the 12 participants said they were optimistic or somewhat optimistic that the Peace Agreement will be implemented (Int. 3, 6, 9, 10, 11 & 12, personal communications, January 2019). Some participants did not say that they were completely optimistic, and the reason was the current government: "[We are] optimistic [because] there are people who are realizing that we need a change. [We are] pessimistic because the government we have does not favor us" (Int. 11, personal communication, January 22, 2019).

Conclusion

This chapter presents the findings of the joint field-research that studied the perceptions of FARC ex-combatants on the Peace Agreement and the reparations system contained within it. The research was conducted in Algeciras from January 16-30, 2019, in collaboration with a team of student researchers affiliated with ESAP who had already built trust relationships with the community, including FARC ex-combatants.

The study presents two main limitations: time and sampling method. The two-week research period was long enough to conduct just 12 interviews. Second, the sampling system was of convenience given that some ex-combatants were hiding from the community and some needed to build trust with the research and the team prior to participating. This selection method was biased because the sample was not representative of the population.

Overall, the study concluded that ex-combatants who participated in interviews were eager to build peace in their community, and many of them said they believed they were proving it by implementing productive projects in the community and by working with the community. Participants, however, also expressed a sense of dissatisfaction with President Duque's ambivalent attitude towards the Peace Agreement. Consequently, some ex-combatants expressed fear for their physical security, as well as uncertainty about their judicial situations. They also said the stipends paid to them by the government as part of the formal reincorporation process were insufficient to meet their basic needs.

Ex-combatants also expressed an understanding that victims should be at the center of the agreement, and believed that reparations are crucial to ensure both the peacebuilding and reconciliation processes. Participants mentioned truth and forgiveness as the most important reparations necessary for victims of the violent conflict. They recognized that very few acts of truth telling and expressions of forgiveness had happened, although they did cite one example in Algeciras and a few at the national level organized by other FARC ex-combatants. Participants complained, however, that the State had not done its part either in telling the truth or in asking for forgiveness. Nonetheless, as a group, the ex-combatants expressed an eagerness to work on productive projects and community actions which they said could help to repair the victims and contribute to the peacebuilding process.

Finally, it is important to highlight how difficult the reintegration process has been for ex-combatants, and how the process is one of the main challenges of the current peace process in Colombia. Thus, governmental assistance for productive projects is important to provide economic stability for the ex-combatants so they prefer civilian life over their former life as part of the guerrilla. Given the current Colombian government does not fully support the Peace Agreement, it is crucial that the international community keeps supporting the Peace Agreement and pressuring the government for its full implementation.

References

—. (2016). "Final Agreement to End the Armed Conflict and Build a Stable and Lasting Peace", La Havana, Cuba, November 24, 2016

Alsema, A. (2018) "Colombia's War Victims: The Numbers," *Colombia Report*, April 9, 2018, Peace process. Available: https://colombiareports.com/colombias-war-victims-the-numbers/ [Accessed: March 12, 2019]

Angulo Amaya, M. C., Ortiz Riomalo, A.M., & Pantoja Barrios, S.D. (2014). *Análisis de las percepciones de los colombianos sobre el proceso de paz y el posconflicto desde una perspectiva de género.* Universidad de los Andes, Colombia Internacional 80, 272 pp. pp. 220-233 Available: https://revistas.uniandes.edu.co/doi/pdf/10.7440/colombiaint80.2014.07 [Accessed: March 12, 2019]

Bautista Forcada, M. (2018). "Research Proposal for Field Research in Colombia: January 2019. FARC-EP ex-combatants Perceptions of the Reparation's System in 2016 Peace Agreement" [Unpublished]

Binningsbø, H.M., Dahl, M., Nygård, H. M., & Weintraub, M. (2018). "Perceptions of and Experience with the Peace Process in Colombia". *PRIO.* Available: https://www.prio.org/Publications/Publication/?x=10969 [Accessed: March 12, 2019]

Capone, F. (2017). "An Overview of the DDR Process Established in the Aftermath of the Revised Peace Agreement between the Colombian Government and the FARC: Finally on the Right Track?". *Global Jurist*, 18.1

Castrillón-Guerrero, L., Riveros Fiallo, V., Knudensen, M.L., López López, W., Correa-Chica, A., & Castañeda Polanco, J.G. (2017). "Comprensiones de perdón, reconciliación y justicia en víctimas de desplazamiento forzado en Colombia." *Revista de Estudios Sociales* 63: 84-98 p.86 Available: https://revistas.uniandes.edu.co/doi/pdf/10.7440/res63.2018.07 [Accessed: 16 March 2019]

El Heraldo. (2016). "FARC: La guerrilla más antigua de América Latina que busca convertirse en partido político". 16 September 2016. Available: https://www.elheraldo.co/politica/farc-la-guerrilla-mas-antigua-de-america-latina-que-busca-convertirse-en-partido-politico [Accessed: 12 March 2019]

Firchow, P. (2017). "Do Reparations Repair Relationships? Setting the Stage for Reconciliation in Colombia". *International Journal of Transitional Justice*, 11, 315–338. Available: https://academic.oup.com/ijtj/article-abstract/11/2/315/3760307?redirectedFrom=fulltext [Accessed: 13 March 2019]

Hall, J., Kovras, I., Stefanovic, D., & Loizides, N. (2018). "Exposure to Violence and Attitudes Towards Transitional Justice". *Political Psychology*, Vol. 39, No. 2: 345-363

Hamber, B, & Wilson, R.A. (2002) "Symbolic closure through memory, reparation and revenge in post-conflict societies", *Journal of Human Rights*, 1:1, 35-53. Available: https://www.tandfonline.com/doi/pdf/10.1080/14754830110111553?needAccess=true p.38 [Accessed: 15 March 2019]

International Center for Transitional Justice. (2009). "What is Transitional Justice?". Available here: https://www.ictj.org/sites/default/files/ICTJ-Global-Transitional-Justice-2009-English.pdf [Accessed: March, 14 2019]

Isacson, A. (2019). "Duque Has Left Colombia's Peace Process Rudderless". World Politics Review, May 8, 2019. Available: https://www.worldpoliticsreview.com/articles/27824/duque-has-left-colombia-s-peace-process-rudderless [Accessed 14 May 2019]

Kroc Institute for International Peace Studies. (2018a). "Estado efectivo de implementación del Acuerdo de Paz de Colombia" Bogotá, Colombia 2018. Available: https://kroc.nd.edu/assets/284863/informe_si_ntesis_2_with_logos.pdf [Accessed 14 March 2019]

Kroc Institute for International Peace Studies. (2018b). "Segundo informe sobre el estado efectivo de implementación del Acuerdo de paz en Colombia. Diciembre 2016 – Mayo 2018". Available: https://kroc.nd.edu/assets/284864/informe_2_instituto_kroc_final_with_logos.pdf [Accessed: March 12, 2019]

La Nación. (2018). "Están Llegando Más Excombatientes al Huila" October 28, 2018. Available: https://www.lanacion.com.co/2018/10/28/estan-llegando-mas-excombatientes-al-huila/ [Accessed March 14 2019]

López López, W, León Rincón, D., Pineda-Marín, C., & Mullet, E. (2018). "Reconciliation sentiment among former perpetrators of violence during the Colombian armed conflict" Conflict Resolution Quarterly, Vol. 35, No. 2: 163-175 Available: https://onlinelibrary.wiley.com/doi/full/10.1002/crq.21232 [Accessed: 13 March 2019]

Pearson, A. (2017). "Is restorative justice a piece of the Colombian transitional justice puzzle?" *RESTORATIVE JUSTICE: AN INTERNATIONAL JOURNAL*, 2017 Vol. 5, No. 2, 293–308. Available: https://www.tandfonline.com/doi/abs/10.1080/20504721.2017.1343419?journalCode=rrej20 [Accessed: 12 March 2019]

Presidencia de la Republica. (2016). "Summary of Colombia's Agreement to End Conflict and Build Peace." Available: http://www.altocomisionadoparalapaz.gov.co/herramientas/Documents/summary-of-colombias-peace-agreement.pdf [Accessed: 19 March 2019]

RESURPAZ, ESAP Territorial Huila, Caquetá y Bajo Putumayo. (2018). *INFORME EL MUNICIPIO DE ALGECIRAS COMO VÍCTIMA DE DAÑO COLECTIVO (1948-2018)* [Unpublished].

Rettberg, A. (2005). "Reflexiones introductorias sobre la relación entre construcción de paz y justicia transicional". En A. Rettberg (comp.), *Entre el perdón y el paredón: preguntas y dilemas de la justicia transicional*. Bogotá, D.C.: Universidad de los Andes, Facultad de Ciencias Sociales, Departamento de Ciencia Política.

Samii, C. (2013). "Who wants to forgive and forget? Transitional justice preferences in postwar" *Burundi by Journal of Peace Research* 50(2) 219–233. Available: https://journals.sagepub. com/doi/abs/10.1177/0022343312463713?journalCode=jpra [Accessed 14 March 2019]

Salario Mínimo Colombia (2019). "Salario Mínimo Colombia" Available: https://www.salariominimocolombia.net/2019 [Accessed 13 May 2019]

Segura, R., & Mechoulan, D. (2017). *Made in Havana: How Colombia and the FARC Decided to End the War*. International Peace Institute. Available: https://www.ipinst.org/wp-content/ uploads/2017/02/IPI-Rpt-Made-in-Havana.pdf [Accessed: 12 March 2019]

UN Security Council. (2017). "Report of the Secretary-General on the United Nations Mission in Colombia". S/2017/801, 26 September 2017. Available: https://undocs.org/S/2017/801 [Accessed: 12 March 2019]

UN Security Council. (2018). "United Nations Verification Mission in Colombia. Report of the Secretary-General". S/2018/1159, 26 December 2018. Available: https://undocs.org/S/2018/1159 [Accessed: 12 March 2019]

WOLA. (2012). "Peace Timeline". *Colombia Peace. Monitoring Progress in Peace Dialogues.* WOLA Advocacy for Human Rights in the Americas. Available: http://colombiapeace.org/ timeline2012/ [March 12, 2019]

Annex 1. Interview Guide: Tentative Questions

1. What is peace for you?
2. What do you know about the peace process and how did you find out?
3. Do you agree with what was agreed in the negotiations in Havana?
4. How do you think you can contribute peace in your community?
5. How have you felt in your new life as a civilian with the community?
6. Are you aware of what measures of reparation can contribute to the peacebuilding process in Algeciras?
7. Do you think that reparation measures can contribute to the peacebuilding process in Algeciras? Why or why not? How exactly?
8. What examples of improvement have you seen in your community thanks to the reparations?
9. Do you consider your participation in the reparations of the victims important? Why or why not?
10. By what other means do you believe you could improve peace in your community?

www.ingramcontent.com/pod-product-compliance
Lightning Source LLC
LaVergne TN
LVHW011222080426
835509LV00005B/270